A TRAJETÓRIA DO ESPIRITISMO

Edição e Distribuição:

EME EDITORA

Caixa Postal, 1820 - CEP 13360-000 - Capivari-SP -
E-mail: editoraeme@ncap.com.br
Fonex/Fax: (0xx19) 491-7000/4915603

Geziel Andrade

A TRAJETÓRIA DO ESPIRITISMO

Capivari
— 2000 —

A Trajetória do Espiritismo
Geziel Andrade

1ª edição - 3.000 exemplares - Julho/2000

Capa:
Nori Figueiredo

Diagramação:
Rafael Carara

Ficha Catalográfica

Andrade, Geziel
A Trajetória do Espiritismo – Geziel Andrade, 1ª edição, Capivari, SP, Editora EME, julho/2000.
160 p.
1 – História da ascensão do Espiritismo
2 – Trajetória do Espiritismo de Kardec até a atualidade
ISBN 85-7353-185-1
CDD 133.9

ÍNDICE

APRESENTAÇÃO

Com a proximidade do século XXI, cabe, com este trabalho, proceder uma avaliação completa da trajetória percorrida pelo Espiritismo até o presente momento. Com isso, podemos estabelecer suas perspectivas para o novo século quanto ao cumprimento de seu maior objetivo: a melhoria moral dos homens e a regeneração da humanidade.

Os fatos históricos contidos neste livro foram levantados após uma criteriosa busca nos principais livros, citados na bibliografia, que tratam dos acontecimentos ocorridos após o lançamento de "O Livro dos Espíritos", por Allan Kardec, em 18 de abril de 1857.

Esta reflexão sobre a trajetória percorrida pelo Espiritismo mostra o seu notável fortalecimento, em tão curto espaço de tempo, permitindo-nos claramente delinear as suas tendências futuras.

Com isso, ampliamos, em muito, a nossa consciência acerca das grandes mudanças e inovações que o Espiritismo já promoveu nos campos científico, filosófico, moral e religioso, e entendemos melhor os papéis importantes que cabem a nós para o engrandecimento, o fortalecimento e a divulgação incessantes do Espiritismo. Assim, ele cumprirá a sua missão de elevação espiritual e moral dos homens e de transformação da humanidade.

Por fim, cabe salientar que este estudo doutrinário foi elaborado com a preocupação de servir de material didático para todos os que estudam e ensinam o Espiritismo.

Vinhedo, 02 de janeiro de 2000
Geziel Andrade (*)

(*) Geziel Andrade pertence a tradicional família espírita de Mogi Mirim -SP; é economista, com mestrado pela PUC - SP- e doutorado pelo FGV -SP.

É autor dos livros:
• "Doenças, Cura e Saúde à Luz do Espiritismo";
• "Capital e Trabalho à Luz do Espiritismo";
• "Depois Desta Vida: Experiências e casos vividos pós morte";
• "Sexo sem preconceito, sem segredo e com equilíbrio";
• e "Equilíbrio Íntimo pelo Espiritismo".

É co-autor, com Ariovaldo Cavarzan, dos livros:
• "O Regresso: O retorno à vida espiritual segundo o Espiritismo";
• "Espiritismo e Vida Eterna: O momento da desencarnação nas mensagens de Chico Xavier";
• e "Manual e Dicionário Básico de Espiritismo".

Todos esses livros foram publicados e estão à venda por esta mesma Editora EME.

Endereço do autor para correspondência:
Rua Batatais, 484 - Condomínio Marambaia
13280-000 VINHEDO - SP.

CAPÍTULO I

ALLAN KARDEC E AS FORÇAS DO ESPIRITISMO

Era início do mês de novembro de 1863. O ano estava caminhando para o seu final, e Allan Kardec aproveitava para fazer um balanço da rápida evolução histórica do Espiritismo, que começou, oficialmente, com o lançamento de *O Livro dos Espíritos*, em 18 de abril de 1857. Com isso, pretendia definir as novas tendências e fixar as estratégias para o futuro da Doutrina.

Os resultados preliminares de um balanço geral mostravam-se altamente positivos. Cada realização havia sido muito importante e contribuído para introduzir mudanças profundas nas idéias e nas discussões filosóficas, científicas e morais da época.

O Espiritismo havia sido o acontecimento mais notável dos anos recentes porque descortinava a vida espiritual de tal modo, que as incertezas quanto ao futuro da alma humana haviam caído por terra. Por outro lado, as comunicações instrutivas dos Espíritos, obtidas através de inúmeros médiuns, em diversas localidades do mundo, despertavam a atenção das pessoas de todas as camadas sociais.

Allan Kardec avaliava, mentalmente, os detalhes da aceitação extraordinária e rápida e a expansão surpreendente que a Doutrina Espírita havia obtido em todas as partes do mundo após a publicação dos seus princípios básicos inovadores contidos em sua primeira obra espírita.

Repercussões de *O Livro dos Espíritos*

O Livro dos Espíritos despertou um profundo interesse em homens cultos e ilustres, que o passaram a estudar com seriedade devido às revelações antes inimagináveis feitas pelos Espíritos Superiores.

O impacto maior, apesar da rápida popularização dos fenômenos espíritas naquela época, foi devido à abrangência dos temas tratados, à clareza, lógica e profundidade nos ensinamentos dos Espíritos dados em resposta às questões sábias e complexas formuladas por Kardec e à nova filosofia de vida e às suas conseqüências morais decorrentes da dilatação dos entendimentos acerca de Deus e da sua Criação.

O Livro dos Espíritos estabeleceu um novo marco histórico no conhecimento humano. Ele desvendou muitos mistérios acerca da existência de Deus, da imortalidade da alma, do perispírito, do corpo material, da reencarnação, da mediunidade e da comunicabilidade dos Espíritos. Além disso, tratou da pluralidade dos mundos habitados, das leis que regem as existências nos planos espiritual e material, das influências dos Espíritos desencarnados sobre os homens, da situação do Espírito encarnado durante o sono do corpo físico e do regresso do Espírito ao mundo espiritual. Ainda, abordou de uma forma muito precisa, as condições dos Espíritos bons e maus no Além, as ocupações dos Espíritos na vida espiritual, as desigualdades intelectuais, morais e espirituais existentes entre os Espíritos, e as realidades do céu e do inferno e dos anjos e dos demônios.

A Revista Espírita

Allan Kardec, em sua avaliação mental, revia as providências que havia tomado para o lançamento apressado, mas bem sucedido, da *Revista Espírita*, em 1° de janeiro de 1858. Assim, ele estabeleceu contato direto e mensal com os adeptos do Espiritismo residentes nas mais distantes partes da Terra.

A *Revista Espírita* havia se tornado um empreendimento indispensável para a discussão de muitas questões ainda polêmicas levantadas com a publicação de *O Livro dos Espíritos*. Por outro lado, ela servia para prestar esclarecimentos e defender os princípios da nova Doutrina.

A *Revista Espírita* dava agilidade às ações de Allan Kardec. Em tão pouco tempo, através dela, era possível discutir, abertamente, os métodos e critérios empregados em seu trabalho, esclarecer dúvidas e apresentar provas das intervenções dos Espíritos no mundo material e orientar as pessoas interessadas no desenvolvimento e na prática da mediunidade.

O insigne Codificador esperava, ainda, com a publicação, tornar públicas as manifestações físicas e inteligentes dos Espíritos em todas as partes, definir os critérios para a identificação dos Espíritos de todas as ordens, cuidar das obsessões espirituais que prejudicavam muitas pessoas, difundir os cuidados com o charlatanismo e com as mistificações e defender os princípios da reencarnação na Terra ou em outros planetas habitados ensinados pelos Espíritos.

Allan Kardec avaliava o rápido sucesso alcançado com esse primeiro meio de comunicação espírita. Com ele, era ainda possível: receber e conhecer as reações do público ante os progressos do Espiritismo; entrar em contato com as testemunhas de fenômenos espíritas ocorridos em muitas localidades do mundo; sentir a confiança dos leitores nas instruções dos Espíritos; saber em que local e em que classe social crescia mais o número de assinantes da revista e de adeptos da Doutrina Espírita; comparar os princípios do Espiritismo com outras ciências, religiões e doutrinas; combater o materialismo; eliminar muitos erros de interpretação dos princípios doutrinários cometidos por pessoas com boa ou má índole; responder às críticas destrutivas formuladas por publicações de grande circulação destinadas ao público não espírita; divulgar provas de que os Espíritos nada mais eram do que as almas das pessoas que haviam habitado a Terra ou outros planetas; contestar alguns tipos de comunicações atribuídas aos Espíritos; levar ao público os resultados preliminares de seus trabalhos experimentais espíritas; responder, com clareza e bom senso, às agressões vindas dos inimigos da Doutrina que pertenciam a outras religiões; publicar muitas dissertações espontâneas escritas pelos Espíritos, em diferentes localidades, mostrando a universalidade de seus ensinos e ampliando as discussões sobre as realidades da vida espiritual; mostrar a grande diversidade empregada pelos Espíritos em suas manifestações inteligentes, inclusive com o uso de versos, fábulas, desenhos e músicas; evidenciar as verdades ensinadas por Jesus que, se praticadas, garantem os estados de felicidade dos Espíritos no Reino dos Céus; mostrar a situação, no Além, dos bons Espíritos, como também dos Espíritos indiferentes ao bem e ao mal, dos materialistas, dos criminosos e dos suicidas; salientar as técnicas mais seguras para atrair o concurso dos bons Espíritos e repelir os maus; tratar com eficiência e segurança dos casos de obsessão espiritual promovidos por Espíritos inferiores; avaliar as curas espirituais e os critérios nelas empregados; ressaltar as lições morais extraídas das lições dos Espíritos;

publicar os resultados surpreendentes das evocações, das conversas e das palestras particulares com os Espíritos ilustres ou vulgares; mostrar os casos práticos que envolviam a morte do corpo material, a transição e a entrada do Espírito na vida no além-túmulo; recomendar as boas atitudes que deveriam ser praticadas na vida material para garantirem méritos morais e as bem-aventuranças na vida espiritual; mostrar as mais diferentes situações dos Espíritos encarnados, quando evocados no momento do sono do corpo físico, e comentar as realizações de muitos médiuns, notadamente as do *sir* Daniel Dunglas Home.

A Sociedade Parisiense de Estudos Espíritas

Allan Kardec também avaliava os progressos experimentados pela Sociedade Parisiense de Estudos Espíritas: as primeiras reuniões sérias, iniciadas em sua casa, que foram crescendo em número de pessoas, fazendo com que surgisse a necessidade de se providenciar um outro local mais apropriado, cumprir as exigências legais, regulamentar o seu funcionamento e dar uma direção metódica aos trabalhos. Assim, reviu, mentalmente, o momento da fundação oficial dessa Sociedade em 1° de abril de 1858.

A partir de então, avaliou como o prestígio da Sociedade cresceu rapidamente, ampliando o número de membros titulares, de correspondentes e de ouvintes ilustres, e permitindo que ela servisse de modelo para a formação de novas sociedades e de novos grupos espíritas, tanto na França quanto no Exterior.

A Sociedade reunia todas as condições necessárias para o aprofundamento das questões filosóficas e morais relevantes que interessavam à Doutrina; servia para a realização de sessões, muito proveitosas, de evocações e de recebimento de comunicações sérias e instrutivas dos Espíritos de todas as ordens; era um ponto de contato e de encontro com pessoas provenientes de outras instituições espíritas da França e mesmo do Exterior para conhecerem o modelo adotado e para participarem dos estudos, das pesquisas e das observações espíritas; servia para a discussão de acontecimentos que tinham enorme importância para a humanidade; reunia os fatos que comprovavam e fundamentavam os princípios doutrinários; prestava-se ao estudo e à avaliação criteriosa das novas revelações que aprofundavam, no momento certo, as realidades complexas do mundo invisível, sob a supervisão do Espírito São Luís, diretor espiritual da instituição; atraía a presença de médiuns diversos, principalmente dos psicógrafos, que escreviam as mensagens instrutivas dos Espíritos com vistas a resolver questões complexas e solucionar problemas intrincados que diziam respeito às realidades do mundo espiritual.

Allan Kardec lembrou-se de suas tentativas frustradas de renunciar ao cargo diretivo máximo, assumido na Sociedade, justificadas pela multiplicidade de suas ocupações pessoais e pela enormidade dos trabalhos e dos estudos que empreendia no momento. Porém, reviu, mentalmente, os seus esforços, coroados de êxito, para preservar a Sociedade das críticas destrutivas e dos ataques desferidos por pessoas frívolas e inimigas que queriam perturbar o bom andamento dos trabalhos e prejudicar os estudos sérios que trariam progressos indispensáveis para a Doutrina e a humanidade.

O livro *Instrução Prática*

Allan Kardec reviu, ainda, o momento oportuno em que lançara, em 1858, o livro *Instrução Prática sobre as Manifestações Espíritas*, estabelecendo os princípios da ciência da comunicação séria e instrutiva com os Espíritos, dando segurança no desenvolvimento da mediunidade e trazendo tranqüilidade para a realização dos trabalhos práticos e experimentais no campo do Espiritismo.

Relançamento de *O Livro dos Espíritos*

O interesse crescente despertado pelos homens e as novas revelações abundantes dos Espíritos superiores exigiram que Allan Kardec realizasse um empenho extra para o lançamento de uma segunda edição, em março de 1860, de *O Livro dos Espíritos*. Então, a obra fora reeditada totalmente reformulada e aperfeiçoada, com as matérias ficando dispostas em uma nova ordem metódica e com o número de questões consideravelmente aumentado.

O Livro dos Médiuns

Em seguida, Allan Kardec avaliou as suas preocupações incessantes em aprimorar e ampliar o livro *Instrução Prática* com base nas experiências adquiridas nos trabalhos experimentais.

Assim, surgiu sua reedição com o título de *O Livro dos Médiuns*, em 15 de janeiro de 1861.

Agora, sim, a Doutrina contava com um verdadeiro compêndio sobre todos os tipos de médiuns e de mediunidade; explicava claramente a combinação de fluidos dos médiuns com os dos Espíritos, necessária para realizar os fenômenos mediúnicos; ensinava as técnicas seguras para o desenvolvimento e o exercício correto da mediunidade.

Esta segunda obra da Codificação dava solução para todos os tipos de dificuldades que as pessoas encontravam no exercício das comunicações com os Espíritos; ditava os cuidados e os critérios oportunos para as evocações dos Espíritos encarnados ou desencarnados; desvendava os papéis importantes exercidos pelo perispírito e pelos fluidos materiais e espirituais na produção das manifestações espíritas físicas ou inteligentes, espontâneas ou provocadas.

O livro tratava, ainda, com maior propriedade acerca da responsabilidade e da segurança na identificação dos Espíritos, eliminando as possíveis mistificações e o charlatanismo.

O Livro dos Médiuns possibilitou um entendimento muito mais abrangente de todos os tipos de manifestações e comunicações espíritas, ocorridas em todas as épocas da humanidade e registradas em quase todos os livros religiosos.

A segunda edição de O *Livro dos Médiuns*

Apesar dessa evolução já havida, Allan Kardec empreendeu novos esforços para a ampliação e o desenvolvimento de outros assuntos considerados relevantes. Assim, promoveu o lançamento, em novembro de 1861, da segunda edição revista e ampliada de *O Livro dos Médiuns*.

Os esforços haviam valido a pena: a nova edição aclarava ainda mais a ação oculta dos Espíritos sobre as pessoas e o mundo material; elucidava melhor todos os pontos inerentes ao intercâmbio permanente entre os planos espiritual e material; dava maior segurança e utilidade ao exercício das faculdades mediúnicas; e inseria, incontestavelmente, a mediunidade entre os fenômenos naturais.

As mudanças na vida pessoal de Allan Kardec

Allan Kardec reviu, em decorrência de tudo isso, as profundas mudanças em sua vida particular: a dedicação quase integral ao estudo dos fatos espíritas; a criteriosa codificação dos princípios da nova Doutrina; os trabalhos de produção dos livros e os esforços para divulgar o Espiritismo para todas as partes do mundo. Essas mudanças em sua vida pessoal haviam sido tão grandes e os trabalhos haviam se mostrado tão crescentes, que exigiram, inclusive, a transferência de residência, em julho de 1860, para a Rua Saint-Anne, 59.

A preocupação com as correspondências

Allan Kardec preocupava-se com a quantidade exagerada de correspondências recebidas, diariamente, de todos os cantos do mundo.

O ponto positivo disso era a constatação do enorme interesse despertado nas pessoas pelos fenômenos, fatos e temas doutrinários. Lamentavelmente, porém, havia, por parte dele, a impossibilidade física de responder, individualmente, cada carta, dando uma atenção especial a cada pessoa remetente. Isto exigiu que os temas mais interessantes e os casos mais importantes fossem abordados e respondidos através da *Revista Espírita* e que as cartas comuns recebessem um tratamento generalizado.

Trabalhos acessórios de Allan Kardec

Allan Kardec recordou-se, ainda, de seus trabalhos acessórios e complementares que facilitavam em muito o estudo e o entendimento da Doutrina dos Espíritos: o livro *O que é o Espiritismo*?, lançado em julho de 1859; o livro *Refutação das Críticas contra o Espiritismo, do ponto de vista do Materialismo, da Ciência e da Religião*, de dezembro de 1861; e o livro *O Espiritismo na sua Expressão mais Simples*, lançado em 15 de janeiro de 1862.

As Viagens

Allan Kardec avaliou, também, as viagens muito proveitosas que havia empreendido nos anos de 1860, 1861 e 1862. Foram visitadas cerca de vinte cidades da França, notadamente as localidades de Lyon, Bordéus, Sens, Mâcon, Saint-Etienne, Aube, dentre outras. Nelas, ele havia discursado, participado de reuniões, esclarecido dúvidas, constatado o rápido progresso do Espiritismo, sentido fortes emoções com os depoimentos de confrades que bendiziam a grandeza filosófica e moral da Doutrina e comoveu-se com as homenagens inesperadas que recebera dos correligionários pelos seus importantes trabalhos realizados no campo da Doutrina dos Espíritos.

Porém, o que mais emocionou Allan Kardec foi a ação do Espiritismo: a fé que restabelecia nas pessoas que haviam perdido a certeza na sabedoria, na bondade e na justiça de Deus; a confiança que fazia ressurgir na sobrevivência e na imortalidade da alma, mudando para melhor as atitudes; o ânimo novo que despertava em pessoas que haviam perdido a coragem de viver e de suportar as dificuldades inerentes à vida material; a calma, a esperança, a paciência e a resignação que fazia renascer nas pessoas que enfrentavam as duras provas, tribulações e expiações da vida, confiantes numa vida melhor no futuro; a confirmação, a conscientização e o melhor entendimento que dava sobre as realidades espirituais, acabando com as idéias depressivas e as propensões ao suicídio; o reequilíbrio íntimo que restabelecia nas pessoas revoltadas, insatisfeitas e agressivas com os semelhantes; a consolação que dava aos que haviam perdido entes queridos ou passado por outras grandes perdas materiais; a força moral que despertava nos que haviam sucumbido ante as provas difíceis da vida ou que enfrentavam duras expiações pelos erros cometidos no passado; o aclaramento de questões morais, difundindo as virtudes, despertando a esperança e conscientizando as pessoas sobre o valor da prática do amor, da caridade e da fraternidade; e a nova filosofia de vida que difundia, permitindo que muitas pessoas se libertassem dos vícios, das ilusões e das coisas materiais, renovando seus hábitos de vida.

A preocupação com o aspecto religioso

Allan Kardec preocupava-se, agora, com os novos rumos para o Espiritismo estabelecidos pelos Espíritos superiores: ser uma religião verdadeira, grande, bela e digna do Criador; desempenhar um papel transformador e renovador na Terra pelo progresso moral da humanidade; ajudar a reformar a legislação humana, freqüentemente contrária às leis divinas, pelo conhecimento das realidades espirituais e pela educação moral dos homens; transformar a Terra em um reduto de fraternidade e paz onde a moral evangélica fosse aplicada em todas as áreas das atividades humanas; tornar a Terra uma morada feliz, habitação de Espíritos Superiores pela moralização das condutas e pela disseminação da prática das virtudes cristãs; restaurar a religião do Cristo ao dar uma explicação mais racional para todas as passagens evangélicas, principalmente as ensinadas em termos alegóricos; instituir a religião natural, a que parte do coração e que vai diretamente a Deus; extinguir da Terra o ateísmo e o materialismo, que exacerbam o egoísmo e o orgulho; melhorar as relações sociais, despertando nos homens o espírito da fraternidade e a prática das condutas superiores ensinadas por Jesus e recordadas pelos Espíritos superiores; unir os homens pela solidariedade com o conhecimento perfeito do Cristianismo, que coloca o amor a Deus e aos semelhantes acima de todas as coisas.

A nova obra

Em decorrência dessa preocupação, Allan Kardec trabalhava, secretamente, numa nova obra. O Espiritismo seria colocado no campo religioso com toda a força moral do Cristianismo, abrindo as portas para a transformação que a humanidade precisava passar no campo moral.

A história do Espiritismo mostrava que as religiões tradicionais não haviam aceitado as contribuições da Doutrina dos Espíritos. Elas não viam nessa Doutrina uma aliada importante do Cristianismo com a reafirmação das verdades ensinadas por Jesus. Elas não aceitavam a preexistência da alma à formação do corpo material; a Lei da Reencarnação, que modificava profundamente as crenças religiosas e as condutas humanas; a pluralidade dos mundos habitados, que colocava a Terra como uma simples escola para os Espíritos em evolução; e o fim do inferno eterno e do grande poder dos demônios em confronto permanente com as forças de Deus, com as explicações a respeito das condições de criação dos Espíritos, das desigualdades espirituais e do livre-arbítrio e da Lei de Causa e Efeito.

Por outro lado, o caráter essencialmente inovador do Espiritismo assustava os religiosos tradicionais: ele abolia, por completo, toda estrutura hierárquica religiosa, todos os tipos de vestimentas especiais e todas as espécies de cultos exteriores, de dogmas, de costumes, de tradições e de rituais religiosos. Isto contrariava os interesses das instituições religiosas tradicionais apegadas ainda ao poder que elas desfrutavam ao lado do Estado; os privilégios impostos por algumas classes sociais; os preconceitos anticristãos; e os atos de enriquecimento material empregando a submissão, a violência e exploração dos seus adeptos.

O "auto-de-fé" de Barcelona

Allan Kardec recordou-se do "Auto-de-Fé de Barcelona", ocorrido em 9 de outubro de 1861, na Espanha.

Naquela oportunidade, 300 volumes de obras espíritas foram apreendidos pelo bispo local e queimados em praça pública. Aquilo havia sido um ato público que demonstrava o tamanho das incompreensões, intolerâncias, perseguições, violências, dos preconceitos e do fanatismo empregados contra a Doutrina dos Espíritos.

Logo a seguir, vieram os ataques infundados, as calúnias vergonhosas, as invenções injuriosas e as falsidades descaradas praticados por muitos religiosos, demonstrando falta de virtudes, de escrúpulos e de respeito às novas idéias difundidas pelo Espiritismo.

As razões para isso estavam, agora, muito evidentes: as ameaças que os ensinamentos e os esclarecimentos dos Espíritos Superiores representavam para as dominações religiosas impostas através do medo e do ocultamento das realidades espirituais; o fim de muitas crenças infundadas sobre a existência de um poder paralelo ao de Deus e sobre as penas eternas; e a queda inevitável das discriminações das pessoas por sexo, cor, raças, crenças e nacionalidades, com as verdades reveladas pelos Espíritos sobre as Leis de Deus.

O aspecto religioso do Espiritismo

Assim, Allan Kardec decidiu concluir o seu novo trabalho mostrando o Espiritismo como a verdadeira Doutrina religiosa ensinada por Jesus.

Por prudência, Allan Kardec continuaria conservando o seu novo trabalho sob o mais completo sigilo. A ninguém seria dado ciência do mesmo, nem mesmo ao seu respeitável editor. As principais passagens evangélicas seriam analisadas sob as luzes do Espiritismo e seriam publicadas com o título de *Imitação do Evangelho*.

O retiro de Sainte-Adresse seria o local mais apropriado para a sua dedicação exclusiva ao trabalho. Ali, havia tranqüilidade para meditar, escrever e receber as inspirações dos Espíritos superiores sobre as verdades espirituais, ensinadas por Jesus, que consolariam a muitos e fortaleceriam o aspecto religioso ao Espiritismo.

O novo trabalho consolidaria os ensinamentos e as instruções dos bons Espíritos, ampliando o entendimento religioso e moral da humanidade.

Assim, o Espiritismo revelaria toda a realeza moral de Jesus; mostraria toda a grandiosidade dos ensinamentos religiosos e morais dos Espíritos superiores; e valorizaria as virtudes cristãs, garantindo o progresso espiritual e moral da humanidade.

O novo período do Espiritismo

O Espiritismo já havia superado o seu período da curiosidade, marcado pelos fenômenos das mesas girantes, que despertaram a atenção dos homens para as manifestações físicas e espontâneas dos Espíritos.

O Espiritismo tinha entrado num período filosófico, muito proveitoso, com o lançamento de *O Livro dos Espíritos*, que possibilitou a conquista rápida da simpatia de um número muito grande de pessoas de todas as camadas sociais, graças às idéias filosóficas e morais progressistas, renovadoras e consoladoras que difundia.

O Espiritismo enfrentava, já há algum tempo, um período muito difícil de lutas, no qual os seus adversários e inimigos ferrenhos tentavam desacreditá-lo lançando argumentos torpes e ataques inescrupulosos de todas as formas possíveis.

Porém, agora, um novo período despontava claramente para o Espiritismo: o seu período religioso. Essa nova etapa que se descortinava aplicaria as virtudes cristãs em todos os campos das atividades humanas, criando as bases sólidas para que a humanidade caminhasse para a regeneração moral e para que atingisse um período de fraternidade e paz.

Imitação do Evangelho Segundo o Espiritismo

Assim, Allan Kardec dedicou-se arduamente para a conclusão do seu livro *Imitação do Evangelho Segundo o Espiritismo,* colocando-o no prelo em dezembro de 1863 e tornando-o público em abril de 1864.

Assim, o Espiritismo ganhou, além de seus aspectos científicos, filosóficos e morais, um forte aspecto religioso.

O Evangelho Segundo o Espiritismo

Para surpresa de Allan Kardec, depois da publicação dessa obra, os Espíritos Superiores continuaram transmitindo ensinamentos valiosos sobre a moral cristã. Isto exigiu que Allan Kardec lançasse a terceira edição do *Imitação do Evangelho*, em novembro de 1865, completamente revista, corrigida, alterada, modificada e remanejada. Alguns capítulos sofreram adições, e a obra teve uma classificação mais metódica, clara e cômoda das matérias, tornando a leitura mais agradável e as consultas muito mais fáceis. O título do livro também foi alterado para *O Evangelho Segundo o Espiritismo*, atendendo aos argumentos consistentes de seu editor, o senhor Didier, e de algumas outras pessoas de sua confiança.

Assim, o Espiritismo conquistou sua força religiosa e fortaleceu seu aspecto moral.

CAPÍTULO II

ALLAN KARDEC E AS LIÇÕES EVANGÉLICAS

O aspecto religioso do Espiritismo restabeleceu as verdades espirituais ensinadas por Jesus. Ele mostrou aos homens a necessidade do cumprimento das Leis de Deus para obterem a verdadeira felicidade; desenvolveu, completou, explicou e colocou em termos bem claros e para todos o que Jesus tinha ensinado sob formas alegóricas e veladas, atendendo às exigências, às condições culturais e aos costumes da época; revelou toda a superioridade espiritual e moral de Jesus, colocando-o na posição de verdadeiro guia dos homens, pelas condutas religiosas e morais que ensinou e exemplificou; abriu novos caminhos para uma profunda transformação espiritual e moral na humanidade; possibilitou uma compreensão muito mais perfeita das coisas do Reino dos Céus; e retratou de modos muito mais detalhados a grandiosidade da doutrina de Jesus, estimulando os homens à prática das virtudes e da moral cristã, como formas de melhorarem as relações humanas e de engrandecerem seu modo de vida na sociedade.

As principais lições dos bons Espíritos e de Allan Kardec, contidas nos 28 capítulos de *O Evangelho Segundo o*

Espiritismo, podem ser assim resumidas:

1 - "Não vim destruir a Lei"

Moisés transformou a história da humanidade ao promover importantes inovações e avanços nas idéias religiosas de sua época: ao combater o politeísmo; ao pregar a existência de um deus único; ao divulgar os dez mandamentos recebidos no Monte Sinai; ao mudar muitos costumes e preconceitos antigos; ao promulgar novas leis civis e disciplinas que impuseram novos hábitos ao seu povo; ao combater diversos abusos sociais; ao definir novas regras morais mais apropriadas às novas condições intelectuais e espirituais, melhorando a convivência e o relacionamento entre as pessoas.

Jesus, com sua autoridade espiritual e moral, com seus ensinamentos religiosos superiores e com suas atitudes virtuosas, ensinou que Deus é um Pai de amor, sabedoria, bondade, misericórdia e justiça; que a vida futura está cheia de bem-aventuranças espirituais para os que sabem cumprir seus deveres morais com humildade, caridade, tolerância e perdão; e que a prática do amor leva o homem a fazer o bem ao seu próximo.

Jesus ensinou com bondade, sabedoria e prudência, mas falou a respeito das coisas espirituais empregando parábolas e termos alegóricos para não melindrar, tumultuar e chocar as pessoas. Assim, adequou cada lição espiritual às condições culturais da época, à maturidade intelectual e ao entendimento do povo.

O Espiritismo chegou numa época em que o entendimento das coisas espirituais tornou-se mais fácil. A consciência humana já havia amadurecido muito com os avanços ocorridos nas ciências, nas atividades econômicas, nas artes, na cultura e no saber.

O Espiritismo não teve um novo líder religioso à semelhança de Moisés ou de Jesus. Os Espíritos Superiores foram os mensageiros enviados por Deus para transmitir aos homens, através de diversos médiuns, os novos conhecimentos acerca da sua obra, da Criação e das realidades espirituais. Allan Kardec apenas estudou criteriosamente as revelações dos Espíritos Superiores e codificou o Espiritismo.

Assim, o Espiritismo estabeleceu a comunicação segura e o intercâmbio sério e criterioso com os Espíritos; apresentou provas irrecusáveis sobre a sobrevivência da alma após a morte do corpo material; desvendou as leis que regem a vida no mundo espiritual; relacionou os diversos tipos de mediunidade; definiu os vários graus de evolução intelectual, moral e espiritual, nos quais os Espíritos se encontram; aclarou as questões complexas da existência dos anjos e dos demônios; apresentou a Lei da Reencarnação, que permite o progresso incessante dos Espíritos pelas provas, missões ou expiações a que estão sujeitos a passar nos diferentes mundos habitados; revelou as influências boas ou más, a que os homens estão submetidos, por parte dos Espíritos bons ou imperfeitos; detalhou as condições de felicidade ou de sofrimento no Além em decorrência das boas ou más obras realizadas na Terra; aplicou a moral cristã nas mais diferentes atividades humanas, combatendo o egoísmo e os preconceitos; e estabeleceu a fé raciocinada, que permite ao homem encarar todos os acontecimentos da vida em qualquer época da humanidade.

2- "Meu reino não é deste mundo."

Jesus ensinou a existência do Reino dos Céus, onde a alma virtuosa recebe as bem-aventuranças pelos tesouros espirituais que acumulou na Terra e onde a alma sem virtudes padece grandes sofrimentos pelo desprezo às leis de amor e caridade.

Os Espíritos Superiores ensinaram a Allan Kardec que as condições de vida no Reino dos Céus variam ao infinito. Somente as conquistas espirituais e morais elevadas e as boas obras determinam os méritos e as recompensas para a vida futura.

As boas obras, pautadas nas virtudes, no cumprimento das responsabilidades morais perante o Pai e os semelhantes, na acumulação dos tesouros espirituais e no enfrentamento das vicissitudes, das tribulações, dos reveses e dos acontecimentos da jornada terrena com resignação, paciência, coragem e esperança, determinam uma vida futura cheia de bem-aventuranças no Reino dos Céus.

3- "Há muitas moradas na Casa do meu Pai."

As muitas moradas na casa do Pai, a que se refere Jesus, são os mundos espirituais que servem de habitação para os Espíritos desencarnados em diferentes estados de felicidade ou de infelicidade, de acordo com as suas conquistas e suas obras.

O corpo espiritual (perispírito), retratando com precisão o grau de evolução intelectual, moral e espiritual do Espírito, serve de instrumento para a justiça de Deus, dando a cada um segundo as próprias obras.

Assim, cada Espírito situa-se naturalmente numa das muitas moradas espirituais existentes na casa do Pai, onde recebe as conseqüências de suas próprias obras; sente-se liberto ou condicionado às coisas da vida material; desfruta de estados de alegria e de felicidade de acordo com as suas características, qualidades morais, obras e tesouros que acumulou durante a existência.

Nessas moradas espirituais, os Espíritos continuam

exercendo as atividades com as quais se afinam; obtendo novas experiências; engrandecendo as faculdades; exercendo o livre-arbítrio e criando um destino melhor ou pior determinado pela Lei de Causa e Efeito.

Adicionalmente, existem muitos mundos materiais habitados que são também moradas existentes na Casa do Pai. Esses mundos abrigam, transitoriamente, os Filhos de Deus em evolução espiritual.

Nesses mundos materiais, as condições de vida são muito diferentes, retratando, sempre, o grau de adiantamento moral e intelectual dos Espíritos neles encarnados.

Alguns desses mundos habitados estão em condições de vida semelhantes às da Terra; outros estão em condições inferiores, enquanto outros estão em condições superiores, em todos os sentidos. Esses mundos podem ser classificados em:

mundos primitivos – a Terra já superou este estágio há muito tempo;

mundos intermediários – ou de expiação e provas. A Terra encontra-se, atualmente, nesta categoria;

mundos regeneradores – a Terra, num período relativamente breve, deverá conquistar esta condição melhor de vida pelas transformações e pelo progresso moral que os homens estão passando;

mundos felizes – a Terra, somente depois de grandes transformações e progresso intelectuais e morais de seus habitantes, deverá alcançar este estágio evoluído de vida;

mundos celestes ou divinos – a Terra está bem longe de atingir este reino, onde o bem impera absoluto e as condições de vida são inimagináveis para os homens.

Com a existência dessas muitas moradas materiais, os Espíritos não ficam, permanentemente, vinculados a um único mundo material. À medida que os Espíritos, individualmente, vão progredindo e conquistando maior adiantamento moral e intelectual, eles podem passar a habitar mundos mais adiantados, chegando mesmo a residir em mundos celestes, como recompensas pelos seus esforços, pela prática das boas obras e pela conquista das virtudes sublimes.

Por outro lado, os Espíritos estagnados, escravizados ao mal e rebeldes às Leis de Deus, podem ser expulsos dos mundos onde habitam e ser transferidos para mundos inferiores, onde vão cumprir expiações, realizar tarefas e transferir conhecimentos pessoais com vistas ao progresso desses planetas.

4- "Ninguém pode ver o reino dos céus se não nascer de novo."

Algumas passagens contidas no Evangelho de Jesus chamam a atenção para a reencarnação: alguns homens diziam que Jesus era João Batista, Elias, Jeremias ou algum dos profetas *(Mateus, XVI, 13-17)*; Jesus disse que Elias já havia voltado, mas que os homens não o haviam reconhecido e que haviam feito dele o quanto quiseram, levando seus discípulos a compreenderem que ele falava a respeito de João Batista *(Mateus XVII: 10-13; Marcos XVIII: 10-12)*; Jesus disse que Elias voltaria para restabelecer todas as coisas *(Mateus XI, 12-15)*; e Jesus disse a Nicodemos que ninguém pode ver o Reino de Deus se não nascer de novo *(João, III, 1-12)*.

O Espiritismo, graças às revelações dos próprios Espíritos, mostra-nos todas as implicações das Leis da Reencarnação: o Espírito volta à vida material, num outro corpo totalmente novo e independente do anterior, quantas vezes forem necessárias, para trabalhar pela sua evolução intelectual e moral; para aprimorar suas faculdades; para adquirir novas experiências; para exercitar e desenvolver suas aptidões e habilidades; para educar sua vontade e aprender a usar bem o seu livre-arbítrio nos mais diferentes campos da vida; para saber viver em sociedade; para cumprir provas, missões ou expiações; para aprender a valorizar o relacionamento e a convivência fraterna com os semelhantes; para conquistar as virtudes; e para subir a degraus mais elevados na hierarquia espiritual.

Assim, o Espírito é independente e preexistente ao corpo material. Os pais terrenos apenas fornecem os elementos materiais necessários à formação de um novo envoltório físico que permite ao Espírito agir, temporariamente, na matéria densa com vista à sua evolução e ao progresso do Planeta.

Com a reencarnação, a alma do selvagem pode continuar evoluindo e aprimorando-se até atingir o mais alto nível intelectual e moral; a alma do feto que não chegou a nascer pode buscar outro corpo para viver uma nova existência material enobrecedora; a alma da criancinha que morreu em tenra idade e a do jovem que não chegou à maturidade, por morte prematura, podem renascer para adquirir novas experiências de vida e para engrandecerem-se espiritualmente; a alma que viveu num corpo material deficiente, por expiação do passado, tem outras oportunidades evolutivas; as almas do assassino e/ou do suicida podem voltar para tentar vencer provas semelhantes àquelas em que falharam, para resgatarem dívidas contraídas com as Leis de Deus, para repararem muitos males praticados e continuarem suas jornadas evolutivas.

Adicionalmente, com as Leis da Reencarnação, caem por terra os preconceitos de sexo, nacionalidade, cor, raças, e o orgulho com as posições familiares, hierárquicas, financeiras, políticas e sociais. O Espírito, ante a reencarnação, pode mudar de sexo, raça, cor, nacionalidade e posições sociais, dependendo de suas necessidades evolutivas, provas, missões ou expiações.

5- Bem-aventurados os aflitos

Jesus trouxe à Terra uma doutrina que consola os que choram, que dá coragem aos que passam por dificuldades e que faz renascer a esperança nos injustiçados, perseguidos e maltratados, porque mostra a vida futura no Reino dos Céus, onde a alma colhe as bem-aventuranças decorrentes do bem que praticou no mundo.

O Espiritismo aprofundou os motivos para essa consolação ao explicar as causas reais de muitos sofrimentos, desigualdades e aflições da vida material: eles estão, invariavelmente, relacionados com as más ações realizadas pelo Espírito na vida presente ou em vidas passadas.

Assim, o Espiritismo orienta-nos a vigiar, permanentemente, os nossos pensamentos, sentimentos e as nossas atitudes, e a interrogar, honestamente, a própria consciência evitando cair nos muitos males que afligem a nossa vida. Cultivando as boas ações, colhemos, no presente e no futuro, a prosperidade, a saúde, a alegria e a felicidade.

Porém, as causas para muitos males não se encontram na vida presente. Elas estão nas vidas passadas, determinadas pela Lei de Causa e Efeito e pelas Leis da Reencarnação.

Assim, experimentamos hoje os efeitos nefastos de muitos atos maus praticados em existência anterior. Assim, encontramos a explicação para as condições miseráveis e humilhantes de vida; para as mortes que causam grandes transtornos no lar; para o falecimento de filhos em tenra idade; para os acidentes complicados e imprevistos; para os reveses da fortuna; para os sofrimentos com os flagelos naturais; para as doenças de nascença; para as deformidades físicas; para os estados de idiotia ou de imbecilidade; e para os estados de saúde precária.

Porém, nem todo sofrimento decorre de faltas graves

cometidas no passado. Muitos Espíritos elevados escolhem, voluntariamente, missões difíceis para trabalharem na difusão do bem, para serem úteis ao próximo e fazerem a humanidade progredir com as suas boas obras. Assim, eles enfrentam, corajosamente, condições de vida difíceis impostas pelo ambiente em que vão atuar e encaram provas, lutas, necessidades, aflições e sofrimentos com humildade e resignação, fazendo incansáveis e abnegados sacrifícios para beneficiarem muitas pessoas e a humanidade. Jesus foi o maior exemplo disso.

6- O Cristo Consolador

Jesus consolava as pessoas em sofrimento e aliviava os que se achavam sobrecarregados com as aflições da vida. Para isso, usava o amor, a bondade, a humildade e os ensinamentos.

O Espiritismo veio trazer maior consolação para as pessoas que vivem aflitas com as decepções, doenças, perdas e problemas do cotidiano. Ele ensina a essas pessoas as realidades espirituais em que estão envolvidas, estimulando-as a não se prenderem aos males transitórios do mundo e a praticarem as virtudes com as quais criam um futuro muito melhor. O Espiritismo, a exemplo do Cristianismo, combate a visão materialista da vida, que somente acentua o desespero e as angústias nas pessoas, que gera a revolta ante as desigualdades de toda ordem, que não dá a mínima esperança numa vida melhor, no presente ou no futuro e que tudo atribui ao acaso e às forças cegas da Natureza.

O Espiritismo amplia a nossa fé em Deus; restabelece a coragem ante as lutas evolutivas; estimula a prática do bem e das virtudes; dá esperanças numa vida melhor no Reino dos Céus, onde a Justiça é perfeita e as bem-aventuranças felicitam aqueles que souberam vencer as dificuldades e realizar boas obras na Terra; e nos orienta a trabalhar para eliminar as próprias deficiências morais com vistas à conquista de méritos e de tesouros espirituais.

7- Bem-aventurados os pobres de espírito

O Espiritismo reforça os ensinamentos de Jesus a respeito da importância de se ter humildade para a conquista das bem-aventuranças do Reino dos Céus.

As narrativas dos próprios Espíritos confirmam os ensinamentos de Jesus a respeito da felicidade que está reservada, no Reino dos Céus, para aqueles que souberam ser humildes ante as mais diversas circunstâncias da vida material e cultivar as virtudes.

Por outro lado, mostram, também, a situação de infelicidade reservada para os Espíritos que foram orgulhosos na Terra, considerando-se poderosos com seus títulos e tesouros materiais transitórios acumulados. Esses Espíritos, no Além, encontram-se desprezados, humilhados e sofredores, lamentando o esquecimento da prática das virtudes, e decepcionados com as ilusões das riquezas materiais, da autoridade e do poder exercido egoisticamente.

A reencarnação, para esses Espíritos infelizes, é uma nova oportunidade bendita para rebaixarem o orgulho, para livrarem-se dos maus hábitos adquiridos, para expiarem os erros graves cometidos e para tentarem conquistar a humildade, a simplicidade e as virtudes ensinadas por Jesus.

8- Bem-aventurados os puros de coração

A pureza de coração engloba o amor, a bondade, inocência, sinceridade, simplicidade e humildade no mundo íntimo.

A pureza no mundo interior evita a prática das desvirtudes, falsidades, deslealdades e desequilíbrios que desgraçam a vida de muitos.

Tendo pureza no coração, evitamos os sentimentos e os pensamentos que nos induzem à prática das más ações; conservamos no mundo íntimo as virtudes da bondade e da candura; garantimos o bem-estar espiritual e físico; fugimos das discussões, brigas doentias, disputas tolas e violências verbais ou físicas que estragam os ambientes e afastam-nos da saúde, da alegria e da felicidade de viver.

9- Bem-aventurados os mansos e pacíficos

Jesus exemplificou a prática da mansuetude, da fraternidade, da afabilidade, da benevolência e do respeito ao próximo.

Seguindo essas lições de Jesus, convivemos adequadamente na família e nas atividades profissionais; relacionamo-nos bem em todas as ocasiões da vida; não cometemos gestos agressivos; não proferimos ataques verbais; não revidamos as agressões recebidas; e nem reagimos violentamente ante as ofensas e as maldades humanas.

10- Bem-aventurados os misericordiosos

Jesus foi o maior exemplo da prática da misericórdia e do perdão. Assim, a misericórdia, o perdão, a compreensão, a tolerância, a generosidade e a reconciliação são virtudes inerentes ao Cristianismo.

Praticando-as, mantemos a calma; controlamos as emoções; sustentamos os bons sentimentos e pensamentos; usamos a compaixão; e perdoamos os atos infelizes cometidos pelo próximo, demonstrando nobreza espiritual. Praticando-as, superamos fatos constrangedores e acontecimentos infelizes da vida; e não caímos, descontroladamente, em desavenças, ressentimentos, inquietações, rancores, animosidade, ódios e desejos de vingança, que tanto podem nos prejudicar.

O Espiritismo nos ensina que a misericórdia e o perdão libertam-nos dos inimigos encarnados e desencarnados, que podem impor processos obsessivos e perseguições perigosas, que têm reflexos danosos sobre a saúde mental e física.

11- Amar o próximo como a si mesmo

A lei de amor a Deus e aos semelhantes resume todos os nossos deveres morais.

É cumprindo-a que nos tornamos pessoas alegres e felizes, porque mantemos gratidão a Deus; cuidamos da Natureza; suavizamos as dores alheias com a prática da caridade e do bem; exteriorizamos palavras de coragem, esperança e consolo; abolimos quaisquer tipos de preconceitos; acabamos com as atitudes orgulhosas e egoístas na convivência e no relacionamento social; ajudamos o próximo na solução de seus problemas; e facilitamos a todos a conquista da prosperidade material e espiritual.

É praticando-a que "fazemos aos outros o que queremos que os outros nos façam e tratamos os outros como queremos que eles nos tratem".

12- Amai os vossos inimigos

O amor aos inimigos, a prática do bem aos que nos odeiam e a oração em favor dos que nos perseguem e caluniam são ensinamentos de Jesus que promovem a fraternidade e evitam as conseqüências nefastas do ódio.

Por isso, devemos amar todas as pessoas, inclusive as adversárias e inimigas; facilitar a reconciliação com os adversários; acabar com os maus sentimentos e pensamentos que nos induzem às más ações; e demonstrar sempre gestos de simpatia, calma, tolerância, paciência, humildade e perdão. Assim, acabamos com as forças destruidoras das inimizades, discórdias, provocações e agressividades que podem prolongar-se para a vida espiritual, criando muitos sofrimentos e infelicidades.

13- "Que a mão esquerda não saiba o que faz a direita"

Jesus ensinou-nos a fazer as boas obras em segredo; a dar esmola escondido, sem esperar recompensas dos homens; a fazer o bem desinteressadamente; e a ajudar o próximo fazendo sacrifícios a exemplo da pobre viúva, que deitou tudo o que tinha no gazofilácio.

Praticando a caridade e a beneficência de forma discreta e silenciosa, geramos muitos benefícios sem ferir a suscetibilidade alheia e praticamos o bem, demonstrando modéstia. Praticando a verdadeira caridade, a toda hora, em qualquer lugar, com ou sem dinheiro, distribuímos boas obras e geramos a alegria e felicidade.

14- "Honra a teu pai e tua mãe"

O "honra a teu pai e tua mãe" é uma tradição religiosa que se compatibiliza perfeitamente com a essência da doutrina de Jesus: a prática da lei de amor e caridade ao próximo.

Pelo Espiritismo aprendemos que os Espíritos que compõem as famílias estão, muitas vezes, unidos apenas por laços consangüíneos e não por laços espirituais.

Os laços de sangue, estabelecidos pela hereditariedade, podem ligar Espíritos estranhos entre si, sem a menor afinidade nas idéias e nas condutas morais. Muitas vezes, esses laços materiais aproximam Espíritos inimigos que se detestam e que sentem repulsa entre si. Porém, eles foram obrigados, pela Lei da Reencarnação, a viver juntos para reparar erros, expiar crimes cometidos em existência passada e buscar a reconciliação.

A reencarnação numa mesma família constitui oportunidade valiosa para que esses Espíritos revejam suas idéias, exteriorizem condutas elevadas, superem conflitos e voltem a respeitar e a amar os semelhantes.

Por isso, é muito importante que essas famílias, onde o convívio é difícil, procurem realizar o culto do Evangelho no Lar, para que as lições e os exemplos de Jesus levem à prática das virtudes e melhorem o relacionamento humano, facilitando a convivência.

Felizmente, a grande maioria das famílias está constituída por Espíritos unidos pelos laços espirituais. Assim, os entes queridos, no lar, demonstram amor, respeito, amizade e simpatia, tornando o convívio e o relacionamento agradável e saudável. Os laços espirituais foram estabelecidos em existências materiais anteriores e continuam fortalecendo-se na atualidade.

Mas, mesmo nessas famílias constituídas pelos laços espirituais, o culto do Evangelho no Lar é indispensável, porque valoriza a prática das virtudes e garante o sucesso contínuo na vida. Seguindo Jesus no ambiente doméstico, essas famílias conhecem a alegria e a felicidade duradouras.

15- Fora da caridade não há salvação

Jesus exemplificou-nos muitas maneiras de praticar a

caridade, ajudando as pessoas em sofrimento, socorrendo os aflitos e doentes e amenizando as dificuldades alheias.

Assim, Jesus mostrou-nos que a salvação espiritual depende da prática da caridade, desvinculando a salvação espiritual da adoção de qualquer crença religiosa ou da manutenção de qualquer posição econômica, política e social.

Com o Espiritismo, seguimos esses ensinamentos de Jesus e, com ou sem dinheiro, praticamos a caridade: doando algo que não tem mais serventia para nós; demonstrando simpatia, gentileza e bondade em todos os ambientes; tratando com respeito e bondade todas as pessoas; levando uma palavra amiga e tranqüilizadora nos momentos aflitivos de alguém; enxugando as lágrimas das pessoas que estão enfrentando problemas sérios; aliviando os sofrimentos físicos ou morais dos que nos cercam; amparando e educando as criancinhas abandonadas e carentes; mantendo o silêncio e perdoando os erros cometidos pelos semelhantes; sendo úteis ao próximo; e orando e tendo paciência para com os adversários e inimigos.

Fazendo isso, melhoramos as condições de vida na Terra, estabelecendo no Planeta a fraternidade, a paz, a alegria e a felicidade.

O Espiritismo nos ensina que "fora da caridade, não há salvação". Assim, a salvação espiritual não depende da religião que professamos, das crenças individuais que sustentamos e nem das condições sociais em que nos encontramos. Depende, sim, das boas obras que praticamos visando beneficiar a todos.

16- Servir a Deus e a Mamon

Jesus não esqueceu de tratar da questão complexa do dinheiro, da avareza e das riquezas materiais, conforme consta em *Lucas, XVI, 13; Lucas, XVI, 18-31; Lucas, XII, 13-21;*

Lucas, XVII, 18-25; Marcos, X, 17-25; e Mateus, XIX, 16-24.

Jesus ensinou-nos a distinguir e a conciliar as coisas espirituais com as riquezas materiais; a evitar a avareza que é o apego sórdido ao dinheiro e uma forma repugnante de egoísmo, que causa muitos prejuízos ao próximo; a não ter apego exagerado às riquezas materiais, que leva ao abandono das coisas espirituais e a não acumular tesouros no Céu; a não viver para gozar dos prazeres da vida material, esquecidos de Deus, das realidades da morte e da continuidade da vida espiritual no reino dos Céus, onde cada um recebe segundo as obras feitas na Terra; e a vencer as ilusões promovidas pela posse do dinheiro, as quais nos levam a fechar os olhos para a pobreza alheia que está à porta e não praticar a caridade, colhendo sofrimentos no Reino dos Céus.

Com Jesus, aprendemos a prática das virtudes e das condutas morais elevadas; a acumular tesouros espirituais, enriquecendo o relacionamento com os semelhantes e conquistando as bem-aventuranças na vida espiritual, após esta vida, independentemente de termos sidos pobres ou ricos na Terra.

Conscientes dessas realidades espirituais, devemos agir sempre com muita seriedade e responsabilidade ante as bênçãos materiais para continuarmos dignos da confiança e das oportunidades de crescimento concedidas por Deus. Devemos conquistar as fortunas com sabedoria e com trabalho sério, competente e honesto. Devemos utilizá-las com discernimento e prudência, criando empreendimentos nobres. E devemos gerar o bem-estar social, promovendo o progresso de todos e o engrandecimento da vida em sociedade.

Com o Espiritismo, aprendemos que a pobreza ou a riqueza são condições temporárias de vida escolhidas por muitos Espíritos antes de reencarnarem. Assim, eles testam suas capacidades já adquiridas, avaliam seus méritos e passam por missões, provas ou expiações que julgam necessárias enfrentar. Mas, agindo com virtudes, eles conseguem com facilidade vencer as dificuldades inerentes a essas condições de vida. Assim, acumulam novos tesouros espirituais, conquistam bem-aventuranças na vida espiritual e garantem créditos valiosos para a próxima existência material.

17- Sede perfeitos

A maravilhosa doutrina de Jesus nos ensina a estender o amor aos inimigos que nos guardam ódio e que nos perseguem e caluniam.

Agindo assim, tratamos todas as pessoas amorosa e fraternalmente e evitamos ressentimentos, ódios, animosidades e violências que causam tantas desgraças na vida.

Com Jesus, aprendemos a estender o amor a todas as pessoas à semelhança de Deus, que "faz nascer o seu sol sobre os bons e os maus e faz a chuva cair sobre justos e injustos". Nisso consiste a perfeição espiritual: amar aos semelhantes, praticar a caridade indistintamente, fazer o bem a todos e orar pelo próximo, mesmo que ele seja nosso inimigo. Com isso, tornamo-nos homens de bem, que praticam o amor, a caridade, a bondade e a oração em toda a sua extensão.

18- Muitos os chamados e poucos os escolhidos

Jesus mostrou-nos, através da parábola da festa de núpcias *(Mateus, XXII, 1-4)*, que o Reino dos Céus é semelhante a um lugar de felicidade e alegria, comparável a uma festa nupcial. Os profetas foram os enviados por Deus para convidarem as pessoas escolhidas a conhecerem as Suas Leis e os caminhos para a felicidade. Porém, os profetas não foram ouvidos e alguns foram massacrados, porque os convidados estavam interessados apenas nas coisas materiais e nos cultos exteriores e não na prática das leis morais. Vendo isso, Deus mandou os seus servos convidarem a todos para a festa. Porém, aqueles que aceitassem o convite para as coisas espirituais e que fossem dignos de entrar no Reino dos Céus seriam identificados pela túnica nupcial. Assim, muitos foram os chamados, mas poucos os escolhidos.

Além disso, Jesus recomendou-nos entrar pela porta estreita da vida, que conduz à felicidade, evitando entrar pela porta larga da perdição, das paixões, dos vícios, das más tendências e das desvirtudes, que atraem muitas pessoas imprevidentes.

Com o Espiritismo, aprendemos como é importante buscar essa porta estreita que leva à salvação espiritual e fazermos a vontade do Pai para entrar no Reino dos Céus *(Mateus, VII, 21-23)*. Assim, agimos cautelosamente com as paixões materiais e trilhamos o bom caminho de uma vida feliz, conscientes de que haveremos de prestar contas de nossas responsabilidades morais.

19- A fé que transporta montanhas

Jesus demonstrou-nos o poder incomensurável da fé, em muitas passagens evangélicas: em *Mateus, XVII, 14-19; e Marcos, XI, 12-14 e 20-23.*

Jesus mostrou-nos que, com a fé, podemos obter tudo o que queremos, removendo do caminho, com trabalho, perseverança e firme decisão, os obstáculos, as dificuldades e os problemas que sempre surgem na vida material.

O Espiritismo nos confirma esse poder incrível da fé em Deus e em nós mesmos, que nos permite realizar coisas que, a princípio, nos pareciam impossíveis. A fé em Deus em todos os momentos aflitivos nos leva a orar a Ele pedindo socorro espiritual, inspirações, coragem e soluções oportunas para os nossos problemas.

A fé em nós mesmos desperta forças interiores poderosíssimas que nos levam a agir de modo superior, de forma a superar obstáculos, enfrentar momentos difíceis da vida e concretizar boas obras, que nos garantem o sucesso material e espiritual.

O Espiritismo nos ensina que a fé precisa estar aliada às obras para que não seja morta. Somente assim ela mobiliza recursos espirituais que nos levam a agir e a trabalhar para a concretização dos ideais, dos desejos e dos anseios, melhorando as coisas ao nosso redor, inclusive obtendo cura para muitas doenças complexas.

O Espiritismo nos ensina, ainda, que existem dois tipos de fé: a *fé cega e a fé raciocinada.*

A *fé cega* aceita os fatos sem examinar, sem distinguir o certo do errado, o falso do verdadeiro e o possível do impossível. Essa fé cega, geralmente, é imposta, porque não aceita questionamentos ou dúvidas. Geralmente, leva as pessoas ao ridículo, à tolice e ao fanatismo, desmoronando-se, facilmente, por não estar baseada na realidade dos fatos e por desprezar o verdadeiro, o razoável e o evidente.

A fé cega promove decepções muito freqüentemente, o que leva as pessoas à incredulidade. A fé cega tende a tornar as pessoas semelhantes à figueira estéril e inútil, que não produz nada de bom para si ou para os outros.

Já a *fé raciocinada* tudo submete aos crivos da lógica, da razão, do bom senso e da racionalidade. É a fé que busca provas, confirmações e evidências para as crenças. Que tudo examina e compreende pelo raciocínio livre. Esta fé torna-se inabalável e sobrevive a todas as épocas da humanidade, porque é sólida e está baseada em fatos e em comprovações. A fé raciocinada leva à ação para produzir boas obras, tornando as pessoas semelhantes à figueira produtiva e útil, que dá bons frutos e alimenta a muitos.

O Espiritismo só aceita a fé raciocinada. Assim, os seus adeptos podem avaliar, livremente, os seus princípios e fundamentos e submeter os fatos espirituais, que se verificam incessantemente ao seu redor, aos crivos da lógica, da razão e do bom senso, buscando dar-lhes um fim sério, produtivo, bom, proveitoso e útil.

20- Trabalhadores da última hora

Jesus ensinou-nos que o Reino dos Céus é semelhante a um pai de família amoroso, sábio, justo e bom que saiu para contratar trabalhadores para a sua vinha, recompensando os que realizam boas obras. O Senhor não se preocupa com os trabalhadores convocados na primeira ou na última hora, mas, sim, com os que abraçam o trabalho com amor e que realizam suas tarefas com eficiência, disposição e vontade de servir no bem.

Os bons trabalhadores convocados para o trabalho na vinha do Senhor precisam demonstrar virtudes e ações no bem, sem cobrar do Senhor privilégios, concessões, benefícios especiais e recompensas que surgem naturalmente com as boas obras.

O Espiritismo nos ensina a ser trabalhadores fiéis na seara do Senhor, cientes de que um dia teremos que prestar contas de nossas realizações. Assim, devemos desempenhar nossas tarefas com idoneidade e responsabilidade, sabendo que as recompensas dignas surgirão se soubermos transformar o reino do Senhor em um local maravilhoso e se valorizarmos as horas de trabalho em prol da vitória do bem.

21- Falsos cristos e falsos profetas

Jesus tinha um conhecimento muito grande dos acontecimentos futuros. Por isso, ele instruiu seus discípulos (em *Mateus, VII, 15-20; XXIV, 4 e 5; 11-13; 23 e 24; e Marcos, XIII, 5 e 6; 21 e 22)* sobre as coisas que iriam acontecer, para que eles não fossem facilmente enganados por falsos cristos e por falsos profetas, os quais realizam prodígios para iludir seus seguidores, procurando satisfazer as suas ambições e os interesses pessoais, geralmente usando conhecimentos sobre leis naturais desconhecidas ainda do povo.

Jesus recomendou que seus discípulos desmascarassem esses falsos cristos e profetas, observando as suas obras, para saberem se elas estavam baseadas no amor, na caridade e na justiça.

Os verdadeiros profetas, enviados por Deus, à semelhança de Jesus, são conhecidos pela profundidade, lógica e sabedoria em seus ensinamentos; pela bondade em suas ações e pela superioridade espiritual e elevação moral que norteiam as suas boas atitudes.

O Espiritismo nos alerta que a grandeza dos profetas verdadeiros está no senso moral, na falta de contradições, de erros e de deslizes morais e no respeito às condições humanas.

Usando da prudência no trato com os que ensinam as realidades espirituais e fazendo sempre um exame acurado dos fatos e das provas, não caímos facilmente nas mistificações dos falsos cristos ou falsos profetas encarnados ou desencarnados que procuram enganar, iludir, falsear, estabelecer discórdias, geralmente, escondendo-se atrás de nomes veneráveis.

Por isso, o Espiritismo nos recomenda submeter todos os ensinamentos dos Espíritos aos crivos da razão, da lógica e do bom senso, buscando profundidade nos conhecimentos transmitidos e constatando a autoridade moral do Espírito comunicante, através de suas palavras e das formas de comunicação. Jamais devemos aceitar como verdadeiro o que provém de um único Espírito através de um único médium.

Os ensinamentos verdadeiros são transmitidos por vários Espíritos, ao mesmo tempo, em diversos locais, servindo-se de diferentes médiuns sérios. Assim, fica fácil constatarmos a concordância universal em seus ensinos.

Analisando, comparando e estudando, criteriosamente, todos os ensinamentos dos Espíritos encarnados ou desencarnados, imunizamo-nos, convenientemente, contra os falsos cristos e os falsos profetas.

Jesus é o modelo do verdadeiro profeta: somente realizou boas obras, beneficiando a muitos; sua atitude moral era elevada; os seus ensinamentos espirituais eram sábios; e as suas ações eram virtuosas, exemplificando amor, humildade, caridade, oração e perdão.

22- Não separar o que Deus juntou

Somente as uniões conjugais estabelecidas com base no amor tornam-se duráveis e estáveis e geram felicidade, porque estão marcadas pelo respeito mútuo; pelo cumprimento das responsabilidades assumidas; pela dignidade e segurança na exteriorização da sexualidade e no cumprimento da Lei da Reprodução e das missões da paternidade e da maternidade.

O amor fortalece as uniões conjugais e cria laços espirituais eternos que tornam a família cada vez mais unida e feliz, pelos gestos de amizade, simpatia, fidelidade e fraternidade; pelas decisões que beneficiam a todos; pela disposição de trabalhar e progredir; e pela esperança, cortesia, afetividade e perseverança no bem.

Somente o amor conserva os laços indissolúveis do casamento. Sem amor, os cônjuges vivem em desarmonia e separados por um clima permanente de desentendimento, mau humor, brigas e atos de violência, cumprindo apenas as formalidades religiosas ou sociais.

Assim, o divórcio separa, de fato, o que, na prática, já estava separado por falta de amor e respeito.

Mesmo Jesus admitiu a separação (em *Mateus, XIX, 3-9)* nos casos de infidelidade, descartando a indissolubilidade absoluta do casamento.

23- Moral estranha

Algumas passagens evangélicas surpreendem pela dureza das palavras de Jesus: *Lucas, XIV, 25-27, 33; Mateus, X, 37; Mateus, XIX, 29; Lucas, XVIII, 28-30.*

Nessas passagens, parece estranho que Jesus tenha pregado o desprezo e o abandono dos familiares e dos bens materiais para poder ser seu discípulo e poder pregar as coisas do Reino de Deus. Estes ensinamentos parecem contraditórios com os princípios de amor e fraternidade, inerentes ao Cristianismo.

Mas, para entendermos estas passagens evangélicas, é preciso levar em consideração: a época, o meio e as circunstâncias em que Jesus estava ensinando; as características simples do povo que precisava de lições marcantes para ser impressionado; e a forma como Jesus transmitia seus ensinamentos, usando sentidos figurados e formas alegóricas para transformar a religião e a moral da época.

Mas, sem dúvida, nessas passagens evangélicas, Jesus deixou evidente que os interesses do Reino de Deus e da conquista das bem-aventuranças na vida futura estavam acima dos interesses materiais passageiros, das estruturas sociais e das convenções humanas.

Jesus exigia de seus discípulos fidelidade e dedicação exclusiva à propagação de sua doutrina, que haveria de transformar a humanidade. Por isso, ele propagou o afastamento da família e das coisas materiais para servir à causa de Deus.

Porém, Jesus não pregava o fim das relações familiares, mas, sim, a renovação nas formas de vida para pregar e espalhar a Boa Nova com dedicação exclusiva. O próprio Jesus afastou-se de seus familiares quando passou a dedicar-se exclusivamente ao cumprimento de sua missão divina. Porém, as suas antigas afeições permaneceram, não extinguindo o amor, o respeito e a solicitude pelos familiares e amigos.

Ainda, com as lições do "pregar o Reino de Deus sem olhar para trás" *(Lucas, IX, 61 e 62)* e do "deixar que os mortos enterrem os seus mortos" *(Lucas, IX, 59 e 60)*, Jesus queria mostrar, de modo marcante, que o mais importante e prioritário era anunciar o Reino de Deus e pregar as verdades espirituais.

Nem mesmo a venda dos bens materiais ou o enterro de um dos familiares queridos eram motivos relevantes para se ausentar daquele trabalho prioritário.

Ainda as palavras de Jesus sobre ter vindo trazer a espada, o fogo, a separação e a divisão *(Mateus, X, 34-36; e Lucas, XII, 49-53)* são fortes e duras para quem pregava o amor, a bondade, a caridade, a fraternidade e as virtudes. Mas, elas não devem ser tomadas ao pé da letra, como muitos outros ensinamentos de Jesus, porque muitas vezes Ele os transmitia através de parábolas ou usava sentidos alegóricos e figurados.

Jesus sabia, antecipadamente, que a sua doutrina

encontraria muita oposição, porque contestava crenças e interesses religiosos poderosos e representava o fim para uma estrutura religiosa e moral vigente na época. Assim, os seus ensinamentos causariam discussões, divergências, discórdias, divisões e separações na sociedade, atingindo muitos lares e separando muitas pessoas de uma mesma família.

Sabia que conforme a sua doutrina se propagasse e muitas pessoas se convertessem a ela, a intolerância religiosa cresceria, gerando conflitos e separações.

E, efetivamente, muitos seguidores de Jesus foram perseguidos e maltratados porque os fundamentos do Cristianismo exigiam mudanças nas condutas sociais e religiosas impostas pelos fariseus, escribas e sacerdotes.

Sabemos, pela História, que a propagação do Cristianismo não foi pacífica e, que, realmente, muitas lutas, divisões e separações religiosas ocorreram no meio das sociedades e das famílias, e que, com o passar do tempo, as divergências, divisões e separações começaram a surgir dentro do próprio Cristianismo.

Porém, todas as divisões e lutas dentro do Cristianismo jamais denegriram a imagem de Jesus ou afetaram os fundamentos da sua doutrina. Essas divisões e lutas sempre foram atribuídas aos homens pouco esclarecidos, que cometeram abusos e atos de intolerância, contrários à doutrina de Jesus.

O Espiritismo surgiu em uma época em que a liberdade religiosa já era grande e veio para restabelecer todas as coisas e dar os verdadeiros sentidos às palavras de Jesus, principalmente as ditas por parábolas ou expressões figuradas.

24- Não pôr a candeia debaixo do alqueire

Com a recomendação contida em *Lucas, VIII, 16 e 17,* Jesus estimulou os seus discípulos a iluminarem a consciência humana, acendendo as luzes das verdades espirituais e colocando-as publicamente para que todos as pudessem ver.

Porém, o próprio Jesus era muito prudente ao iluminar a consciência humana a respeito dos mistérios do Reino de Deus e sobre as questões abstratas de sua doutrina. Por isso, Ele falava por parábolas ou empregava sentido figurado em suas palavras.

Sabia, porém, que chegaria o tempo certo para que muitos mistérios fossem descobertos pela Ciência; e que a humanidade amadureceria cultural, intelectual e moralmente a ponto de poder receber as verdades espirituais, através do Consolador que seria enviado no momento oportuno.

E, realmente, coube ao Espiritismo descortinar as questões que haviam ficado obscuras, as quais Jesus julgou conveniente deixar para o futuro.

No trabalho de divulgação das verdades espirituais, os médiuns têm, no Espiritismo, a missão especial de transmitir a todos as revelações e os ensinamentos dos Espíritos. Assim, as luzes do plano espiritual chegam para todos, em toda parte, facilitando a constatação das realidades espirituais, o entendimento dos conselhos dos bons Espíritos e a prática da moral cristã.

25- Buscai e achareis

A lição evangélica do "buscai e achareis" *(Mateus, VII, 7-11)* é semelhante à do "ajuda-te e o céu te ajudará". Ambas correspondem ao "trabalhai, que o progresso se fará, porque o progresso é fruto do trabalho".

Jesus ensinou-nos a agir para receber a ajuda do Céu. Essa ação deve ser buscando ardorosamente o que queremos; batendo nas portas necessárias; tomando sempre a iniciativa; indo em frente em busca do melhor; pedindo aos outros o que necessitamos; trabalhando incessantemente e com disciplina, para obtermos as boas coisas da vida; e lutando para a realização das obras que nos garantem o progresso e as recompensas pessoais.

Mas, ao lado do progresso e das riquezas materiais devemos acumular, também, os tesouros espirituais eternos, que são indispensáveis para sermos felizes na Terra e no Reino dos Céus.

Com os tesouros espirituais, vivemos mais tranqüilos e confiantes no Pai Eterno, que conhece as nossas necessidades e nos trata melhor do que as aves do céu e os lírios do campo. *(Mateus, VII, 19-21; 25-34.)*

26- Dar de graça o que de graça receber

Jesus disse: *"Curai os enfermos, ressuscitai os mortos, limpai os leprosos, expeli os demônios; dai de graça o que de graça recebestes." (Mateus, X, 8.)*

Jesus nunca cobrou nada pelos seus ensinamentos e nem pelas bênçãos e curas que ofertava aos semelhantes. Além disso, estabeleceu que os seus discípulos deveriam dar de graça o que de graça haviam recebido. E os discípulos de Jesus haviam recebido, gratuitamente, o dom de orar, de transmitir os ensinamentos espirituais, de curar os doentes, de aliviar os sofrimentos morais e de expulsar os Espíritos maus.

A mediunidade é um dom que Deus dá gratuitamente. Assim, os médiuns não podem cobrar pelos serviços mediúnicos que prestam aos semelhantes. Os médiuns são simples intérpretes dos Espíritos para instruir os homens acerca das verdades espirituais; para propagar a prática das virtudes; para conduzir as pessoas para os bons caminhos da vida; para distribuir a consolação, a esperança e a coragem; e para orientar a fé, mostrando a sabedoria e a racionalidade das coisas espirituais.

Os médiuns muito pouco podem realizar por si mesmos, devendo desempenhar suas atividades em nome do amor e da caridade. Eles dependem dos Espíritos que promovem as manifestações e os fenômenos espíritas, sem que estes estejam à disposição deles para servirem os homens e os seus interesses materiais e egoísticos. Apenas os Espíritos inferiores, levianos, mentirosos, espertos e inescrupulosos colocam-se a serviço dos homens sem se preocuparem com a prática do bem e com a divulgação da verdade.

Os bons Espíritos afastam-se dos médiuns interesseiros e maus. Eles procuram os médiuns humildes, sérios, responsáveis e bons para transmitirem suas comunicações e os ensinamentos espirituais que beneficiam a todos.

Assim, a mediunidade não pode ser encarada como uma profissão nem como uma atividade que sirva para obter o sustento material. A mediunidade é muito variável, instável e pode faltar no momento mais necessário. Sem a atuação dos Espíritos, ela pode ser suspensa e o seu exercício pode se tornar impossível.

Nenhum médium, portanto, tem condições de garantir a ocorrência de nenhum tipo de fenômeno mediúnico. A todo momento, ele está subordinado à atuação dos Espíritos, que combinam os fluidos, agem sobre os médiuns e estabelecem suas manifestações de acordo com as afinidades espirituais e morais.

A mediunidade deve, sim, ser encarada como uma missão valiosa e uma importante tarefa que contribui para o progresso espiritual se cumprida com seriedade, abnegação, desinteresse e religiosidade.

Todos os tipos de mediunidade são concedidos gratuitamente por Deus. Por isso, os médiuns devem exercer gratuitamente suas tarefas visando o benefício dos semelhantes.

27- Pedi e obtereis

Jesus ensinou-nos a maneira correta de orar: não nos colocarmos em evidência pretendendo sermos vistos pelos homens, pois, assim, já recebemos a recompensa; orarmos em secreto, pois nosso Pai tudo vê e sabe o que se passa; sermos breves na oração, pois não é pela quantidade de palavras que seremos ouvidos; perdoarmos aqueles que nos ofenderam, para que nosso Pai também perdoe os nossos pecados; mostrarmo-nos humildes durante a oração, não salientando vantagens pessoais, nem menosprezando os semelhantes; revelarmos fé e sinceridade no momento da oração para obtermos o que pedimos; e pedirmos as coisas, sabendo que o nosso Pai sabe, com antecedência, o de que mais necessitamos.

Vemos, no Evangelho, como Jesus, mesmo com a sua superioridade espiritual e moral, orava constantemente a Deus. E para nos orientar, deixou a prece do Pai-Nosso, a qual é clara, concisa e simples e nos ensina a louvar a Deus, a ter confiança em Seus Desígnios e submissão às Suas Vontades; a pedir ajuda para obter o pão nosso de cada dia; a perdoar e a pedir perdão; e a rogar amparo ante as tentações e o mal.

Ainda com relação às preces, Allan Kardec deixou-nos, no Capítulo XXVIII de *O Evangelho Segundo o Espiritismo*, uma coletânea de preces espíritas, mostrando-nos a variedade de tipos e finalidades de preces.

Pelo Espiritismo, aprendemos que Deus ouve sempre as nossas preces, porque há a transmissão dos nossos pensamentos. A força dessa transmissão depende da nossa fé, das boas intenções, da vontade firme e dos bons sentimentos. Assim, os nossos pensamentos percorrem o espaço levando a nossa prece a Deus ou aos bons Espíritos. As preces ditas com fé, que emanam de um coração sincero, chegam de forma mais direta ao seu destino, mobilizando os recursos espirituais importantes que precisamos para agir e melhorar a nossa vida.

Deus, na condição de Pai amoroso, está sempre atento para receber os nossos pedidos e nos ajudar, em secreto, a resolver os problemas e dramas e a contornar as dificuldades e necessidades particulares inerentes à vida material. Porém, nunca exige nada em troca, porque não é um negociante que quer promessas, prendas, sacrifícios ou recompensas para nos ajudar.

Deus sempre nos auxilia sem mudar, revogar ou anular as Suas Leis, Vontades e Desígnios, que sempre seguem o seu curso normal, visando nos beneficiar e nos conduzir para a felicidade verdadeira, através do aprimoramento espiritual.

Deus jamais nos deixa desamparados. Além de sua proteção divina, Ele nos concede o "anjo-da-guarda", ou seja, os Espíritos protetores e os Espíritos benevolentes e familiares que nos assistem, inspiram, orientam, consolam, protegem e nos conduzem para os bons caminhos da vida. Por isso, devemos estar sempre atentos aos seus conselhos mentais, que nos levam para o progresso, a saúde, a alegria e a felicidade.

As nossas orações, por mais sinceras que sejam, não dispensam as boas ações e as boas obras que, efetivamente, melhoram a nossa vida.

Observemos Jesus: Ele orava muito; porém, vivia agindo, ensinando, curando, praticando as virtudes e o bem, enfrentando as dificuldades de sua missão e dando exemplos morais que garantiam o sucesso da Boa Nova.

Agindo à semelhança de Jesus e confiando em Deus, como Jesus confiava, orando, agindo e praticando as virtudes, como Jesus orava, agia e praticava, estaremos evoluindo com vista à edificação de uma vida melhor na Terra, no Além e nas próximas reencarnações.

CAPÍTULO III

ALLAN KARDEC E "O CÉU E O INFERNO"

Começava o segundo semestre de 1865. Allan Kardec vinha trabalhando arduamente e sem perda de tempo na codificação, divulgação e defesa do Espiritismo. Ele mantinha a regularidade da edição da *Revista Espírita*, dirigia os trabalhos da Sociedade Parisiense de Estudos Espíritas, aprofundava novas pesquisas, reformulava obras já publicadas e dedicava-se à redação de novos livros.

Com esses esforços, lançou, já em julho de 1865, uma nova edição, revista e ampliada, do livro *O Que é o Espiritismo?* e, em setembro de 1865, a primeira edição do livro *O Céu e o Inferno*, ou *A Justiça Divina Segundo o Espiritismo.*

O ritmo dos trabalhos era intenso. Os estudos e a redação de textos varavam a noite, permitindo o lançamento, em novembro de 1865, da terceira edição, com profundas revisões, correções, modificações e ampliações, de *O Evangelho Segundo o Espiritismo*, a qual se tornou a versão definitiva.

O Céu e o Inferno

Com o novo livro, *O Céu e o Inferno,* Allan Kardec tratou,

com profundeza e lógica surpreendentes, das questões complexas como a individualidade da alma, o corpo espiritual (perispírito), o desprendimento do Espírito com a morte do corpo material, as crenças a respeito do céu, do inferno e do purgatório; as realidades das penas, das recompensas e dos gozos futuros; o destino da alma na vida espiritual, a situação feliz ou infeliz dos Espíritos decorrentes de suas qualidades e de seus comportamentos bons ou maus na vida terrena; os anjos e os demônios; e a justiça divina, que cobra de cada um as responsabilidades decorrentes do uso que fez da vontade e do livre-arbítrio.

A Situação dos bons Espíritos

No mundo espiritual, os bons Espíritos podem locomover-se facilmente para toda parte, reunir-se com seus familiares e entes queridos desencarnados e manter atividades incessantes, inclusive na crosta da Terra, ao redor de seus pais, mães, irmãos, amigos e seres queridos encarnados, para ajudá-los a vencer as dificuldades da vida terrena e progredir material e espiritualmente.

A Situação dos Espíritos Imperfeitos

Mesmo os Espíritos ainda imperfeitos, graças à bondade e a misericórdia divinas, podem pedir perdão pelos erros graves cometidos, arrepender-se da prática do mal e das desvirtudes, amenizando, assim, sofrimentos impostos naturalmente pela Lei de Causa e Efeito e merecendo a ajuda dos bons Espíritos. Assim, esses Espíritos arrependidos eram orientados a reparar seus erros e a pedir novas oportunidades para aliarem-se ao bem e trabalharem na própria regeneração conquistando maior progresso espiritual.

O Inferno

Com as revelações dos Espíritos de todas as ordens de evolução espiritual, Allan Kardec deixou muito claro que o inferno estaria em toda parte onde existisse uma alma sofrendo as conseqüências naturais de suas más atitudes e que continuaria sofrendo enquanto relutasse em usar a sua vontade e o seu livre-arbítrio para praticar o bem e para regenerar-se.

O Céu

Da mesma forma, o céu estaria em todo lugar onde uma alma estivesse feliz por ter praticado o bem e levado uma vida virtuosa.

O Perispírito

O corpo espiritual (perispírito) serve de instrumento da Justiça Divina para distinguir um Espírito de outro. Por ser formado com os fluidos extraídos do meio ambiente, condizentes com o grau de evolução moral e espiritual da alma, o corpo espiritual classifica, naturalmente, os Espíritos no Além, distinguindo-os pelas suas características e qualidades, boas ou más.

Além disso, o perispírito é o responsável pelo desligamento natural fácil ou difícil dos laços que prendem o Espírito ao corpo material. Nesse processo, o Espírito experimenta maior ou menor perturbação em função da consistência desses laços.

Para a alma virtuosa, nobre e elevada, essa perturbação nada tem de dolorosa, sendo, muitas vezes, um sono breve, porque o perispírito está ligado ao corpo material por laços muito sutis e tênues, que se desprendem facilmente. As poucas afinidades existentes entre a matéria densa e o perispírito facilitam o desprendimento e colocam logo o recém-desencarnado em contato com outros Espíritos elevados, que o conduzem às regiões sublimes do plano espiritual.

Já para a alma inferior, o perispírito reflete todo o seu apego às coisas materiais e às paixões humanas, e é formado com fluidos muito densos, próximos da matéria bruta, estreitando os laços que prendem a alma ao corpo material. Assim, a perturbação que se segue à morte é difícil e constrangedora porque a separação é lenta e penosa. Adicionalmente, a forte densidade do corpo espiritual prende a alma pouco evoluída às regiões inferiores do plano espiritual ou mesmo na crosta da Terra, fazendo-a viver em condições de vida muito semelhantes às que mantinha pelos seus hábitos arraigados e pelos condicionamentos à vida material.

A Desencarnação

Allan Kardec constatou que cada Espírito experimenta um processo de desencarnação diferente do outro, porque cada caso depende das características pessoais, do grau de evolução moral e espiritual da alma e das obras, boas ou más, que cada uma tenha praticado.

Assim, o período de perturbação é diferente para cada Espírito. Porém, todos despertam na vida espiritual, após um período mais ou menos longo de inconsciência decorrente da morte do corpo físico, recebendo, pelas Leis de Deus, o que tenham preparado para si mesmos, durante a vida corporal.

O corpo espiritual destaca um Espírito de outro de tal modo que, no Além, um Espírito inferior poderia estar lado a lado de um Espírito Superior sem, contudo, percebê-lo, impossibilitando-o de manter contato permanente.

A Situação dos Espíritos Superiores

De um modo geral, os Espíritos superiores podem ser distinguidos pelas luzes que emanam do corpo espiritual, retratando as virtudes que possuíam na alma. Adicionalmente, eles possuem recursos e capacidades melhores para ver, sentir, locomover-se e compreender os esplendores e as delícias do mundo espiritual. Porém, não estão presos num céu restrito. Eles continuam trabalhando e agindo de modo elevado, exteriorizando suas qualidades sublimes, desfrutando, em qualquer canto em que se encontrem, os estados de felicidade que conquistaram. Por outro lado, alegram-se em prestar socorro aos Espíritos infelizes retidos temporariamente nas regiões inferiores do plano espiritual, dadas as suas características e as restrições impostas pelo corpo espiritual muito denso.

Realidades para o Espírito Inferior

Allan Kardec ressaltou, ainda, que o Espírito ainda inferior não consegue entender as realidades espirituais. Assim, vive num plano muito limitado, sentindo insatisfação e angústia com a perda do corpo material e, geralmente, experimentando sofrimentos num ambiente hostil, cercado de outros Espíritos imperfeitos que continuam empregando a vontade e o livre-arbítrio para praticar o mal.

Para essa classe de Espírito, as condições de vida são temporárias e ele pode libertar-se delas com seus esforços para progredir, seja no Espaço, seja na Terra, com vistas a desfrutar novas oportunidades para seguir rumo à perfeição.

Assim, o Espírito de um selvagem, um ignorante, um homem mau, um suicida ou um criminoso pode continuar suas jornadas evolutivas, adquirindo novas experiências, desenvolvendo suas faculdades, vencendo, pouco a pouco, suas inferioridades e imperfeições, expiando seus erros cometidos no passado e trabalhando, estudando e educando-se para a conquista da felicidade.

A Mediunidade

A mediunidade permitiu que todas essas verdades espirituais fossem reveladas aos homens. As comunicações sérias e instrutivas dos Espíritos Superiores desvendaram a grandiosidade de Deus; mostraram as realidades existentes no Reino dos Céus; permitiram a identificação de todas as categorias de Espíritos pela linguagem que empregam e pelos ensinamentos que transmitem; e levaram à codificação da Doutrina Espírita, que trata das relações existentes entre os mundos material e espiritual.

Depoimentos dos Espíritos

Para que as constatações dessas verdades espirituais não ficassem apenas no campo das considerações teóricas, Allan Kardec publicou, na segunda parte de *O Céu e o Inferno*, muitos depoimentos dos próprios Espíritos, mostrando a enorme variedade de ocorrências que se seguem à morte do corpo material. Assim, evidenciou os méritos ou os deméritos de muitos Espíritos que determinaram seus estados de felicidade ou de infelicidade no Reino dos Céus.

A Perturbação Espiritual

Após a morte do corpo material, os Espíritos entram em um estado de perturbação espiritual, que dura um tempo bastante variável, sendo de algumas horas para os bons Espíritos e de alguns dias, meses ou anos para os Espíritos ainda muito presos à matéria.

Durante esse período de perturbação, alguns Espíritos já percebem o mundo novo em que vão entrar, mas, com o aprofundamento da perturbação, entram, momentaneamente, em um estado de inconsciência, que os impossibilita de perceberem os acontecimentos subseqüentes.

O despertar na nova fase da vida

Depois de um tempo, mais ou menos longo, dependendo de cada caso e da evolução moral e espiritual, o Espírito acorda do desfalecimento. Assim, recobra a lucidez e as suas faculdades, podendo ter idéias claras da nova fase da vida em que entrou, e receber ajuda e esclarecimentos de Espíritos protetores.

O desprendimento do corpo material

Os Espíritos recém-desencarnados precisam fazer algum esforço para desembaraçarem-se, para desprenderem-se e para libertarem-se dos laços fluídicos que os prendiam ao envoltório material. O homem materialista, ateu, incrédulo, suicida, maldoso ou criminoso precisa fazer um esforço muito grande para romper essas ligações fortes e identificar a sua nova situação no mundo dos Espíritos. Alguns chegam a ponto de sentirem a decomposição do corpo material pela intensidade e persistência das ligações fluídicas. Já o Espírito virtuoso não precisa fazer grandes esforços, porque o seu grau de espiritualização torna fácil a separação, permitindo passar por um período de perturbação muito curto, representado por um sono rápido e leve.

O Espírito bom recupera-se logo da grande transição, entra facilmente em contato com os Espíritos Superiores e percebe, deslumbrado, a sua libertação da matéria densa e seu estado feliz, preparado durante a sua vida material.

A visão do corpo material

Alguns Espíritos conseguem ver o corpo material antes dos funerais. Os mais elevados sentem, assim, uma profunda gratidão pelos serviços que ele lhes prestou como habitação temporária e conseguem bendizer as provas, as tribulações da vida, os trabalhos, as adversidades e os sofrimentos que lhes serviram para a purificação da alma.

O reencontro

Os Espíritos amorosos, bondosos, humildes e virtuosos vêem-se, logo, cercados pelos amigos e protetores espirituais, pelos seres que amaram na vida material e pelas criaturas queridas que os tinham antecedido na grande viagem. Então, sob fortes emoções, recebem, nesse reencontro, as felicitações pelas conquistas espirituais; as boas-vindas ao plano espiritual, e são encaminhados para os esplendores da nova fase da vida. Assim, sentem os risos, o contentamento, a alegria e a felicidade inerentes à situação venturosa que conquistaram com suas boas obras.

A revisão da vida material

Geralmente, durante o processo de desencarnação, o Espírito assiste, surpreso, ao desenrolar, na mente, de imagens e de formas muito precisas e nítidas, com uma síntese de todos os acontecimentos que marcaram a sua vida material. Ele pode, então, rever seu nascimento, sua infância, juventude, fase adulta e velhice; pode julgar todas as suas atitudes boas ou más; e avaliar a sua situação espiritual decorrente disso.

A forma humana do Perispírito

O corpo espiritual, depois de liberto das influências do corpo material, continua mantendo a individualidade da alma e entra num processo de recuperação, renovação e fortalecimento, em obediência aos impulsos da alma. O perispírito continua com a forma e a aparência humana da última encarnação, porém, com contornos mais leves e belos e com a vitalidade da mocidade. Isto, evidentemente, depende do grau de evolução espiritual e dos tipos de fluidos que formaram o corpo espiritual, retratando o mundo íntimo da alma.

A liberdade do bom Espírito

O Espírito bom, depois de recuperado da grande transição, conscientiza-se facilmente da sua verdadeira natureza espiritual e pode, então, percorrer as distâncias e transportar-se, à vontade e sem dificuldades, através dos espaços. Assim, conhece os detalhes do plano espiritual e visita seus amigos, inclusive na crosta da Terra, mantendo as relações afetivas e atendendo aos chamados de saudade dos amigos encarnados, sem que estes percebam a sua presença, pois a luz material o atravessa sem torná-lo visível. Evidentemente, quanto mais evoluído o Espírito, maiores são essas possibilidades.

As faculdades espirituais

O Espírito conserva a visão, a audição e a memória, porém, melhoradas. Ele pode ver e ouvir as coisas dos dois mundos, receber os pensamentos dos circundantes e ler a mente dos homens, cujos pensamentos se exteriorizam na atmosfera como um quadro. Alguns Espíritos conseguem recordar-se das existências anteriores e compreender muitos acontecimentos que enfrentaram na vida material.

O Espírito conserva, também, seus sentimentos e pensamentos e mantém a afetividade pelos entes queridos. Assim, entristece-se com o desespero, a revolta, o pesar, a inconformação, o desgosto e o desânimo dos pais e parentes que ficaram na Terra. A revolta contra os desígnios de Deus e a ignorância das verdades espirituais infelicitam o Espírito que procura comunicar-se e transmitir seus pensamentos, para mudar essa situação e provar que continua vivo, livre e feliz no além-túmulo, aguardando a época do reencontro.

A satisfação do dever cumprido

Os Espíritos que cumpriram bem suas missões, que venceram suas provas de trabalho, miséria, privações, dores, angústias e sofrimentos ou de fortuna e de bem-estar material, ou que conseguiram expiar dignamente as suas faltas cometidas em existências anteriores, sentem uma satisfação íntima muito grande. A consciência tranqüila com os deveres morais retamente cumpridos gera as bênçãos da felicidade. Muitos Espíritos sentiram-se felizes com os sofrimentos que experimentaram na Terra em expiação a erros, faltas e dívidas do passado.

Os Espíritos em condições medianas

Os Espíritos em condições medianas na vida espiritual, embora já tenham conquistado algumas virtudes e adquirido alguns valores de bondade, em geral continuam apegados às coisas materiais.

Assim, prolongam o estado de perturbação e retardam o entendimento e a adaptação à nova situação de vida. Desta forma, na vida espiritual, não se sentem infelizes, mas apreciam as realidades espirituais condicionados ainda às idéias e às paixões da vida material.

Alguns desses Espíritos sentem as conseqüências das faltas morais cometidas e têm dificuldades para proceder aperfeiçoamentos pessoais e conquistar a felicidade.

Geralmente, expiam a falta de fé; lamentam a perda de tempo na Terra passado na ociosidade, na frivolidade, nas futilidades e leviandades; recordam-se tristes do mau uso que fizeram das palavras, destruindo reputações e expondo algumas pessoas ao ridículo; sentem o peso na consciência do menosprezo à Lei do Amor e da Caridade; arrependem-se de não terem trabalhado mais arduamente para a vitória do bem, para o progresso dos semelhantes, para o cumprimento de suas obrigações em prol das boas obras; sentem-se perturbados ainda pelas manifestações de egoísmo, orgulho, inveja e ambição; e lamentam não terem sido mais pacientes e amáveis com o próximo e não terem perdoado as ofensas que receberam.

Estes Espíritos, depois de procederem a profundas reflexões sobre a vida terrena, pedem a Deus permissão para voltar à Terra e trabalhar pelo próprio progresso espiritual e o do Planeta.

Os sofrimentos dos Espíritos maus

Os Espíritos maus demoram mais tempo para desprenderem-se do corpo material, dada a força dos laços fluídicos e afinidades existentes entre o corpo espiritual e a matéria densa. Assim, conservam, por longo período, as impressões do corpo material.

Os Espíritos que foram maus, egoístas, orgulhosos, desleais e mantiveram-se endurecidos nas desvirtudes, sofrem preocupados, confusos e desesperados com a sua situação presente, pois não conseguem vislumbrar o futuro. Os sofrimentos aumentam quando percebem que continuam com o mesmo temperamento, os mesmos maus sentimentos e pensamentos e as mesmas tendências para a prática das maldades. Assim, sentem-se isolados das bem-aventuranças celestes e dos Espíritos bons; sentem-se presos aos planos inferiores juntos com outros Espíritos em punição.

Estes Espíritos inferiores criam um ambiente de ira, ódios, zombarias, ironias e violências. Assim, eles sentem-se presos num inferno que parece eterno, sem poderem dirigir-se a outros ambientes do plano espiritual ou mesmo à crosta da Terra. Quando conseguem ter acesso às regiões próximas ao orbe terrestre, acabam influenciando os homens com suas tentações aos vícios, à cobiça e ao mal.

Alguns Espíritos sofredores ficam apegados de tal modo às coisas materiais, que sofrem muito com o afastamento compulsório do dinheiro e das propriedades ou com a partilha de seus bens, experimentando grandes torturas íntimas. Nessas situações, esses Espíritos sofrem muito, podendo passar séculos, sentindo as conseqüências naturais do mau uso que fizeram do livre-arbítrio.

Um dia, felizmente, premidos pelos sofrimentos, eles renovam seu estado mental. Assim, libertam-se dos sofrimentos, do abandono, das trevas densas e das imagens dos crimes e das vítimas que lhes torturavam a mente. Então, experimentam profundo remorso pela prática do mal; sentem as acusações dolorosas da consciência ferida, colocando-se em condições de receberem a ajuda dos bons Espíritos.

Cada Espírito mau e inferior tem um motivo particular para curvar-se ante aos sofrimentos e sentir o seu orgulho abatido: as faltas morais, os abusos e as iniqüidades cometidas; o mau uso das faculdades e dos bens que tiveram nas mãos; a despreocupação com a educação moral; a escravidão às paixões, à vaidade, ao orgulho, aos excessos, aos vícios e às coisas materiais. Então, suplicam a Deus o perdão para suas faltas e empenham os esforços para melhorarem a conduta e perseverarem no bem.

Assim, enquadram-se nos programas da reencarnação regeneradora, que estabelece novas provas de dedicação ao bem; expiação das torturas que impuseram aos semelhantes; e condições de vida que os permitam trabalhar pelo próprio progresso espiritual.

Os Espíritos suicidas

Os Espíritos suicidas sentem uma perturbação terrível. Seus estados espirituais e seus desequilíbrios mentais, psicológicos e emocionais prendem-nos, por muito tempo, ao corpo físico, por laços muito fortes, levando-os, geralmente, a experimentar a decomposição do corpo. As aflições, os desesperos e os sofrimentos acentuam-se por sentirem-se vivos e não terem encontrado o descanso que esperavam com a morte provocada, e, ainda, por sentirem angústia, vergonha e confusão ante o novo estado.

A duração e a intensidade dos suplícios dependem dos fatores atenuantes e agravantes que os levaram à morte voluntária; das influências que sofreram, sem resistência, de outros Espíritos encarnados ou desencarnados; das intenções e das idéias que os levaram ao suicídio; do arrependimento pelas faltas que cometeram por falta de confiança nos desígnios de Deus; e dos pedidos de perdão e de misericórdia pelo desperdício da vida material e das falhas ante as provas e as expiações da vida.

Alguns Espíritos suicidas sentem-se na escuridão, isolados dos entes queridos, ouvindo acusações e zombarias de outros Espíritos maus. Outros permanecem ao lado de Espíritos inferiores que se constituem em companheiros horríveis pelos costumes bizarros que mantêm e pelas perturbações que espalham ao redor. Outros ficam presos ao local da morte, revendo, constantemente, o ato infeliz que cometeram, até que reconheçam o fracasso ante as provações da vida, percebam a infração ante as Leis de Deus e sintam a necessidade de reparação dos erros.

Só depois de muitos sofrimentos, esses Espíritos, geralmente, encontram-se em condições de receber ajuda de Espíritos bondosos que os acompanham e os encaminham à regeneração e à reencarnação reparadora.

Espíritos criminosos

Os Espíritos criminosos sofrem, por muito tempo, ao lado de seus cúmplices e parceiros, em locais isolados de tudo, ou nos próprios locais dos crimes ou, ainda, em ambientes cheios de outros Espíritos inferiores, violentos, maus, perturbadores e sofredores. Seus desgostos aumentam com a visão constante de seus crimes ou de suas vítimas, que os acompanham com piedade.

Ante essa realidade espiritual, com o lento passar do tempo, eles acabam reconhecendo o uso deplorável que fizeram do livre-arbítrio e as faltas graves que praticaram.

Assim, fazem uma revisão mental de suas vidas, arrependem-se dos crimes cometidos e pedem perdão a Deus, habilitando-se a receber ajuda dos Espíritos misericordiosos.

Mesmo assim, geralmente, continuam sofrendo ainda por algum tempo, até que reúnam forças interiores para enfrentar novas provas e amenizar na consciência ferida, a vergonha dos crimes praticados e os remorsos pelas más tendências, atrocidades, crueldades, paixões nefastas, depravações e violências.

Depois de um período de arrependimento sincero, eles rendem-se ao forte desejo de repararem o mal e os erros praticados. Assim, submetem-se aos duros trabalhos preparatórios para uma nova existência na Terra impulsionados por fortes esperanças de expiar os erros, reabilitar-se perante a Lei e voltar ao bem.

Espíritos endurecidos no mal

Alguns Espíritos endurecidos no mal continuam sentindo satisfação com a prática das desvirtudes. Assim, persistem no mal, adiando o arrependimento sincero dos erros cometidos.

Somente os sofrimentos crescentes farão que antevejam as conseqüências das maldades que continuam praticando.

Outros Espíritos endurecidos no mal, pelo contrário, vêem-se, de imediato, nas trevas ou no isolamento absoluto, presenciando as cenas de seus crimes, surpreendidos pela Justiça de Deus. Outros vivem envolvidos em perturbações intermináveis, sem compreenderem o processo da desencarnação e a continuidade da vida no Além. Outros conservam o orgulho e os hábitos terrenos, experimentando as conseqüências naturais de suas más tendências e dos seus atos egoístas. Outros, ainda, vêem-se expostos a uma luz penetrante, conscientes de suas faculdades, de suas ações e de suas faltas morais, vagueando entediados e sem destino, suportando um verdadeiro suplício ao verem-se desmascarados, sem poderem ocultar a realidade interior, nem tendo como livrar-se da luz.

Para todos esses Espíritos, as incertezas quanto ao futuro aumentam os sofrimentos. Infelizmente, sua condição espiritual faz com que eles demorem muito tempo para tornarem-se dispostos a receber a ajuda dos bons Espíritos e para preocuparem-se em trabalhar para a melhoria das próprias condições de vida.

As expiações pelos erros do passado

Os Espíritos que enfrentaram expiações difíceis das faltas graves cometidas em vidas passadas louvam seus sofrimentos físicos e morais suportados com coragem, paciência e resignação. Eles pressentem uma vida futura melhor com o pagamento de suas dívidas espirituais. Assim, não reclamam nem revoltam-se contra Deus.

Depois da morte do corpo, eles podem compreender a causa justa para seus sofrimentos e encontram as alegrias por haverem ficado quites com a Justiça Divina.

Um Espírito que havia sido belo, poderoso, rico e adulado, mas que teve uma existência fútil e orgulhosa, renegando Deus e prejudicando o próximo, expiou atrozmente suas culpas, primeiro no mundo dos Espíritos e depois na Terra, experimentando uma existência na miséria.

Um Espírito, senhor absoluto do destino de seus súditos,

que se havia tornado carrasco, soberbo, violento, avaro e sensual, abusando do poder e explorando e oprimindo os semelhantes com suas paixões inferiores, depois de três séculos e meio na vida espiritual, tocado pela dor e pelo arrependimento, conseguiu a permissão para renascer e expiar os seus erros, tendo que suportar, na nova vida, os mesmos sofrimentos que havia imposto aos outros.

Um Espírito, que havia sido orgulhoso a ponto de desprezar aquele que era pobre e miserável, retornou à vida material para enfrentar a prova da pobreza.

Outro que havia emparedado sua mulher, viva, numa sepultura, expiou, a seu pedido, noutra existência, o seu crime de maneira semelhante, tendo sido sepultado vivo.

Um Espírito que fora juiz inquisidor e mandara queimar viva, na fogueira, uma menina inocente, expiou esse crime em existência seguinte no incêndio de uma caldeira de verniz em ebulição que caiu sobre ele, não conseguindo fugir de um sofrimento semelhante ao que impusera à menina.

Um Espírito, médico ambicioso, que realizava experiências com clientes de todas as idades, sem que estes desconfiassem de nada, visando acumular glória e riqueza, voltou ao palco da vida para, numa nova existência regeneradora, experimentar males físicos, inúmeras doenças e sofrimentos sem encontrar alívio até o fim de seus dias.

Um Espírito libertino reencarnou, em punição pelo mau uso que fez das suas faculdades, aprisionado num corpo defeituoso, de forma que não podia reconhecer seus pais, nem tomar alimentos sozinho.

Um Espírito, que pecou pelos olhos, recebeu punição pelos olhos.

Outro, que ficara cego após ter arruinado a saúde de seu corpo, revoltou-se contra Deus por estar privado dos prazeres e acabou suicidando-se; então, continuou cego no mundo dos Espíritos, até que os sofrimentos o conduziram ao arrependimento e a uma nova reencarnação expiatória mais dura que a anterior, sendo obrigado a passar pelas provas da cegueira e da surdez.

O poder das preces

Todos os Espíritos, indistintamente, sentiram-se felizes com as preces sinceras que lhes foram endereçadas. Elas consolaram, aliviaram sofrimentos, fortaleceram a alma e promoveram melhorias na situação espiritual. Os Espíritos criminosos, sofredores ou suicidas pediam preces para conseguirem amenizar as conseqüências do ato cometido e para reunirem forças para invocar a bondade e a misericórdia de Deus.

As atividades incessantes dos Espíritos

Depois de bem adaptados à vida espiritual, todos os Espíritos, indistintamente, passam a trabalhar e a desenvolver atividades incessantes. Os Espíritos elevados cumprem missões chefiadas por Espíritos mais experientes; concorrem para a transformação e a regeneração da Terra; visitam, ajudam, inspiram, consolam e velam por seus protegidos e entes queridos encarnados; lembram aos seres encarnados seus deveres morais de praticar o amor, a caridade, a benevolência e o perdão; inspiram bons pensamentos e murmuram conselhos sábios na mente dos homens, neutralizando as sugestões dos maus Espíritos; dirigem os processos da Natureza; recebem, na nova vida, os entes queridos recém-desencarnados, encaminhando-os para os lugares que merecem; consolam e animam as pessoas que perderam parentes queridos ou fortunas; orientam para o bem os Espíritos sofredores; reúnem-se com os Espíritos afins para conversar, analisar o passado, traçar planos para o futuro, e avaliar os sucessos obtidos nos trabalhos em andamento.

Todos os Espíritos esclarecidos sustentam atividades que engrandecem a vida espiritual, impulsionam o progresso pessoal e melhoram o local onde se encontram.

Capítulo IV

ALLAN KARDEC E "A GÊNESE – OS MILAGRES E AS PREDIÇÕES"

O ano de 1866 começara com Allan Kardec tendo problemas de saúde, o que lhe gerava preocupações, pois o repouso absoluto era impossível para quem assumira uma missão tão grandiosa, que exigia dedicação e enorme senso de responsabilidade para cumprir os trabalhos complexos em andamento.

Por isso, em 23 de abril de 1866, Allan Kardec recebeu uma instrução particular, através da mediunidade do Sr. Desliens, escrita pelo Espírito Dr. Demeure, em nome de todos os Espíritos que trabalhavam na consolidação do Espiritismo, orientando-o para que:

– cuidasse de sua saúde evitando trabalhos excessivos, principalmente quanto às respostas às correspondências particulares, concentrando seus esforços nas de interesse geral;

– não apressasse a marcha do Espiritismo, tendo paciência para aguardar a elucidação de algumas questões que ainda precisavam ser melhor aclaradas e assimiladas; preservasse as suas forças físicas para concluir a missão importante que tinha vindo desempenhar na vida material; e reunisse todo o seu vigor na elaboração das grandes obras destinadas a completar e concluir a obra esboçada nas primeiras publicações.

Face a esses conselhos sábios, Allan Kardec manteve a sobriedade nas atividades em andamento, mas passou a se empenhar na preparação de uma nova obra orientada pelos Espíritos Superiores. Foi assim que, em 6 de janeiro de 1868, Allan Kardec colocou à venda seu extenso trabalho intitulado *A Gênese – Os Milagres e as Predições Segundo o Espiritismo.*

Essa nova obra de Allan Kardec estruturava e detalhava o modelo geral, pelo qual o Espiritismo elucida todas as coisas espirituais e materiais.

Deus

Deus foi colocado sobre todas as coisas por ser o Criador de tudo o que existe. Além disso, Allan Kardec demonstrou que Deus é único, supremo, eterno, imutável, imaterial, onipotente, soberanamente inteligente, justo e bom e infinito em todas as suas perfeições.

Pelas revelações dos Espíritos Superiores e as constatações lógicas de Allan Kardec, Deus criou sob os Seus Desígnios apenas dois elementos primários: o espiritual e o material.

O Princípio Espiritual

O elemento espiritual é poderosíssima força básica e viva da Natureza.

Deus criou o princípio espiritual inteligente simples e ignorante, mas dotado de faculdades que precisam ser desenvolvidas para atingirem a perfectibilidade, através das atividades incessantes que desempenham, das provas que passam e da missão que cumprem nas vidas espiritual e material.

A vida em sociedade permite que o princípio inteligente esteja em contato permanente com seus semelhantes situados em diferentes graus de evolução das faculdades. Assim, assimila condutas, recebe influências e aprimora os modos de convivência e de relacionamento com o próximo, agindo nos inúmeros campos da vida.

No período de infância espiritual, o princípio inteligente, ainda imperfeito e inexperiente e com o senso moral pouco desenvolvido, ante as complexas circunstâncias e condições de vida, nem sempre consegue usar bem a vontade e a liberdade de ação.

Assim, podem surgir os atos de maldade, imprevidência, imprudência, irresponsabilidade, denotando, em alguns momentos, tendências para o egoísmo, a ambição, os vícios, a violência, o orgulho e os crimes.

Porém, a Lei de Causa e Efeito impõe as conseqüências, mostrando a importância de se combater essas desvirtudes praticadas ante as diversas ocasiões e provas da vida, e de expiar os erros cometidos, suportando as reações naturais que decorrem do mau uso da vontade e da liberdade.

É dessa forma que o princípio inteligente vai amadurecendo mentalmente; adquirindo experiências; dominando os instintos primitivos; domando as paixões inferiores; desenvolvendo as faculdades e as habilidades; elevando o senso moral; educando a personalidade, os sentimentos e os pensamentos; e dilatando a consciência a respeito de Deus, Suas Leis e seu papel na Obra da Criação.

O princípio inteligente realiza grandes progressos espirituais, saindo da animalidade e entrando no período da humanidade, quando conquista o livre-arbítrio, o senso moral e um discernimento notável. Assim, pode encarar com maior responsabilidade suas lutas, missões, provas, expiações e atividades, seguindo os caminhos do bem que levam mais facilmente à rápida ascensão na hierarquia espiritual.

Observando rigorosamente as Leis de Deus, o Espírito consegue caminhar, então, mais rapidamente em busca da perfeição espiritual, sempre amparado e orientado pelos Espíritos protetores.

Características do Princípio Espiritual

O elemento espiritual é individualizado por Deus, tendo existência própria e um princípio vital independente da matéria.

O princípio espiritual é criado incessantemente por Deus, desde toda a eternidade, e submetido às atividades incessantes e aos esforços pessoais, para que consiga aprimorar as suas faculdades inatas e progredir incessantemente, rumo à perfeição espiritual.

Assim, o progresso é uma condição natural e incessante para o ser espiritual. Ele sobe os inúmeros degraus da hierarquia espiritual, até atingir a angelitude.

O elemento espiritual, também denominado princípio inteligente, Espírito ou alma, pode agir sobre o princípio material. Mas, para isso, precisa de um envoltório fluídico semimaterial que participe ao mesmo tempo da espiritualidade e da materialidade. Esse envoltório do Espírito foi chamado por Allan Kardec de perispírito e é denominado também corpo espiritual.

O Princípio Material

O princípio material, criado por Deus, é denominado fluido cósmico universal ou matéria elementar primitiva.

Esse fluido cósmico presta-se a inúmeros graus de

condensação e a inúmeras transformações, modificações, combinações, harmonizações e estruturações, obedecendo à Vontade e às Leis de Deus.

Assim, o fluido cósmico dá origem às partículas primárias que, combinadas entre si, permitem a formação dos incontáveis e dos simples ou complexos corpos inorgânicos e orgânicos existentes no Universo, visível ou invisível para os homens.

Mesmo o princípio vital que anima a matéria organizada decorre de uma das transformações ocorridas no fluido cósmico universal.

O estado de eterização ou de imponderabilidade absoluta é o estado normal e primitivo do fluido cósmico universal. Este grau de pureza absoluta é o ponto de partida para dar origem às partículas primárias. Estas partículas, combinadas entre si, permitem a formação da natureza do plano espiritual superior, onde os Espíritos Superiores podem habitar, viver e agir com seus perispíritos formados com elementos existentes nessa mesma natureza.

O fluido cósmico universal presta-se, porém, a muitos outros estados de condensação, combinação, modificação, harmonização e estruturação, obedecendo às Leis criadas por Deus.

Num grau de condensação, ele forma as partículas primárias, que, combinadas entre si, permitem a formação das coisas do plano da matéria densa.

Assim, a matéria densa decorre do fluido cósmico condensado, também chamado de Energia condensada. Este plano, denominado universo material, nada mais é do que uma pequena parte do Universo, formado com os mais diferentes estados de condensação e de modificações ocorridos no estado normal do fluido cósmico universal.

Para atuar na natureza material formada com as partículas

do fluido cósmico condensado, os Espíritos precisam revestir-se de um corpo material apropriado, formado com os mesmos elementos existentes na natureza do plano material. O corpo espiritual não consegue condensar-se a ponto de o Espírito poder atuar diretamente no mundo material.

Para a formação desse corpo apropriado, os Espíritos submetem-se às Leis da Reprodução dos corpos materiais, que todos nós conhecemos.

Características do Princípio Material

Entre os estados de imponderabilidade absoluta e de condensação do fluido cósmico universal, sobre o qual comentamos anteriormente, existem muitos outros estados intermediários de condensação, transformação, modificação, combinação, harmonização e estruturação.

Assim, surgem as partículas e os elementos intermediários, próximos uns dos outros, que possuem propriedades especiais, permitindo a formação das esferas intermediárias e inferiores do plano espiritual, onde os Espíritos habitam, vivem e agem, de acordo com os seus graus de evolução espiritual, utilizando a vontade, o pensamento e o perispírito formado com elementos extraídos da natureza dessas esferas espirituais onde se encontram.

Assim, os planos espirituais superior, intermediário e inferior e o plano material possuem a mesma origem primária, isto é, são formados do fluido cósmico universal que assumiu diferentes estados de condensação, modificação, transformação, harmonização e estruturação.

É isto que permite que todos esses planos estejam interligados e em contato permanente, constante e incessante entre si.

Características do Perispírito

No mundo espiritual, o perispírito é um dos mais importantes elementos formados com o fluido cósmico universal; assim como, no plano material, o corpo material é um dos mais notáveis produtos desse mesmo fluido bastante condensado e elaborado.

No mundo espiritual, os fluidos espirituais condensam-se diretamente em torno do princípio inteligente ou do Espírito, de acordo com seus graus de elevação espiritual.

No plano material, os elementos materiais, para a formação do corpo material, aglomeram-se em torno do perispírito, obedecendo às Leis da Reencarnação e da Reprodução dos corpos materiais.

Porém, mesmo assim, o perispírito e o corpo material guardam entre si independência e vida própria. Isto pôde ser constatado por Allan Kardec através das experiências de invocação dos Espíritos encarnados. No momento em que as ligações fluídicas entre esses dois corpos estão afrouxadas, em virtude do sono, o Espírito obtém o desprendimento e a liberdade parcial do seu corpo físico.

Como já deve ter ficado evidente, a compatibilidade entre esses dois corpos é total, porque eles são formados com elementos originários da mesma matéria elementar primitiva.

Porém, é graças ao corpo material que as impressões provenientes do mundo físico chegam ao ser espiritual. Isto porque o corpo material está ligado, molécula a molécula, ao corpo espiritual.

Graças a essa ligação, todas as impressões recebidas pelo corpo material são transferidas para o perispírito, o qual as retransmite para a alma, que as interpreta com suas faculdades e toma livremente as decisões que beneficiam ou prejudicam o seu destino, com base no livre-arbítrio e na Lei de Causa e Efeito.

Outras Características do Perispírito

A constituição do perispírito não é idêntica para todos os seres espirituais, como ocorre com o corpo material.

Os Espíritos Superiores distinguem-se naturalmente dos Espíritos em graus inferiores de evolução, porque possuem um corpo espiritual formado com elementos muito mais sutis e tênues.

Isto separa e distingue naturalmente os Espíritos de acordo com os graus de evolução que ocupam na hierarquia espiritual.

À medida que o ser espiritual vai progredindo, seu corpo espiritual vai assimilando fluidos mais sutis, colocando-o em contato com as regiões superiores do plano espiritual, onde desfruta de melhores companhias e condições de vida.

No plano espiritual, a vontade e os pensamentos exercem uma ação poderosa sobre os fluidos e elementos formados com o fluido cósmico universal.

Assim, os Espíritos situam-se naturalmente nos ambientes espirituais que lhes são condizentes, onde podem modificá-los utilizando o próprio perispírito e as suas atitudes mentais.

A atmosfera fluídica do mundo espiritual é o grande laboratório onde os Espíritos vivem de acordo com seus graus de evolução e agem com vistas a atenderem as suas necessidades e aprimorarem as suas condições de vida.

Os sentimentos também determinam as vontades e os pensamentos; e estes transmitem-se naturalmente para os fluidos espirituais, dando-lhes boas ou más qualidades e tornando-os saudáveis e benéficos ou viciados e deletérios.

Assim, os Espíritos atuam sobre os ambientes em que se encontram, tornando-os agradáveis e sadios ou plenos de más qualidades.

Os bons Espíritos vivem em ambientes maravilhosos; e os Espíritos imperfeitos e maus vêem-se presos, naturalmente, em ambientes fluídicos conturbados, sombrios ou trevosos, onde a natureza é agressiva, criando muitos transtornos e sofrimentos.

A Encarnação dos Espíritos

É, ainda, o perispírito que possibilita a encarnação do Espírito em um corpo material.

No momento da concepção, um laço fluídico desprende-se do perispírito, acoplando-se, molécula a molécula, no corpo material em processo de formação.

Dessa forma, o Espírito influi na formação dos órgãos do corpo físico, adequando-o às suas necessidades, transferindo-lhe as suas características pessoais, as formas sadias ou doentias, as conquistas mentais, as habilidades e os méritos espirituais.

Porém, com a reencarnação, o Espírito não entra em uma prisão. Ele mantém independência do corpo material e pode ausentar-se momentaneamente dele e manter relações e contato permanente com o mundo dos Espíritos, quando desfruta de liberdade parcial propiciada pelo sono do corpo físico.

Somente com a morte do envoltório físico ele liberta-se totalmente da vida material.

As faculdades mediúnicas

A mediunidade é a faculdade que possibilita a comunicação direta dos Espíritos desencarnados com os encarnados no mundo material.

Utilizando-se dos fluidos animalizados emitidos pelos médiuns, da assimilação fluídica com o perispírito do médium, ou da transmissão direta do pensamento de alma para alma, o

Espírito desencarnado pode comunicar-se com os Espíritos encarnados, promovendo os fenômenos mediúnicos físicos ou inteligentes, espontâneos ou provocados.

Assim, os Espíritos atestam sua existência, a sobrevivência à morte do corpo material, a manutenção da individualidade, de suas faculdades e de seus atributos, dos quais dão testemunhos através da comunicabilidade existente entre os dois planos de vida.

Com o conhecimento das faculdades mediúnicas, o Espiritismo esclareceu as curas espirituais; as visões espirituais; as aparições; as manifestações físicas e inteligentes dos Espíritos de todas as ordens; as obsessões e as subjugações por parte dos maus Espíritos, e as influências dos bons Espíritos sobre a moral e o progresso dos homens.

Poderes Espirituais de Jesus

Allan Kardec analisou no seu livro, *A Gênese,* muitos fatos surpreendentes contidos no Evangelho de Jesus.

Jesus, para a produção dos efeitos especiais que conseguiu, contava com a sua enorme superioridade espiritual e moral, que o colocava na condição de mensageiro direto de Deus. Isso lhe dava um poder pessoal extraordinário e uma autoridade irresistível sobre os homens, os Espíritos, os fluidos espirituais e a matéria densa.

Jesus tinha um poder magnético e fluídico incomensurável, decorrente de sua nobreza e de suas qualidades espirituais. Sua vontade, Suas palavras, Seus sentimentos e Seus pensamentos exerciam um poder irresistível e extraordinário sobre os elementos espirituais e materiais, permitindo-o realizar os grandes feitos contidos no Evangelho.

Seguindo esse contexto geral, Allan Kardec abordou e

esclareceu fatos polêmicos contidos no Evangelho, tais como: o sonho de José, a estrela dos Reis Magos e o poder de Jesus em conhecer os pensamentos dos homens, prever acontecimentos futuros, realizar curas, expulsar demônios, libertar possessos, ressuscitar mortos, tornar Elias e Moisés visíveis na transfiguração, multiplicar pães e aparecer depois de sua morte.

Predições do Futuro

Allan Kardec analisou, ainda, o poder que alguns Espíritos possuem de realizar predições.

A explicação encontrada foi simples: os Espíritos Superiores têm o espaço e o tempo modificados e uma visão muito mais abrangente dos fatos presentes e futuros, pela purificação dos sentidos e de suas percepções.

Assim, eles podem prever acontecimentos futuros e revelá-los espontaneamente aos homens, em casos especiais, quando julgam oportuno e útil, desde que os homens estejam preparados para conhecê-los e enfrentá-los.

Espíritos Superiores, geralmente, utilizam-se do desprendimento parcial dos encarnados, por ocasião do sono do corpo material, para revelarem fatos futuros, permitindo que estes os conservem na memória, através dos sonhos, sem saberem, contudo, a data exata da ocorrência.

Muitas revelações de acontecimentos futuros podem, ainda, ocorrer no estado de vigília, através da visão psíquica, quando as imagens são geradas como num quadro vivo, criado pelos pensamentos do Espírito Superior.

Com base nessas constatações, Allan Kardec analisou as predições de Jesus, que podia prever e pressentir as coisas futuras e conhecer os acontecimentos vindouros.

Dessa forma, Jesus previu o fim de sua missão na Terra;

anteviu que suas palavras seriam recebidas pelos homens como um código moral puro e eterno e transformadas numa lei universal; previu que os homens aplicariam, com o passar do tempo, os seus ensinamentos em todos os campos da vida, estabelecendo paulatinamente a caridade e a fraternidade na Terra; profetizou que os seus ensinamentos seriam restabelecidos, esclarecidos, recordados e complementados pelo Consolador ou Espírito de Verdade; previu que, nos finais dos tempos, ocorreriam calamidades de todas as espécies, antes que o reinado do bem e da paz fosse estabelecido na Terra com a prática da moral evangélica; anteviu que a profetização seria geral, por meio da prática da mediunidade e a manifestação universal dos Espíritos, e prometeu que um dia haveria a separação dos bons e dos maus, sendo que os Espíritos maus seriam encaminhados para mundos inferiores, enquanto os bons realizariam a regeneração da Terra.

As Novas Gerações

Por fim, Allan Kardec analisou as características das novas gerações que estão surgindo nos tempos modernos, em decorrência da Lei do progresso.

Os Espíritos que compõem essas novas gerações, sendo mais purificados, melhoram as condições de vida no Planeta e o bem-estar material, com a aplicação de uma inteligência mais desenvolvida, com os progressos que obtêm nas ciências, nas artes, nas técnicas, nas idéias e nas práticas filosóficas, religiosas e morais.

Os trabalhos desses Espíritos regenerarão a humanidade pelo melhor uso que fazem da vontade e do livre-arbítrio. Assim, eles transformarão lentamente a Terra, permitindo que o orbe terrestre suba um degrau na escala dos mundos habitados.

Essas mudanças, porém, não são pacíficas e nem ocorrem sem sofrer oposições. Elas levam a crises, comoções, conflitos, perturbações, flagelos, lutas de interesses, mudanças nos costumes, derrocada de instituições, revogação de leis superadas, ao fim das crenças infundadas e supersticiosas, à extinção dos preconceitos, exigindo um enorme trabalho educativo para estabelecer novas bases sociais e atingir um novo ponto de equilíbrio mais elevado.

Porém, o resultado final, com as novas gerações, será um grande salto no progresso humano. A humanidade conhecerá o reino da caridade, da fraternidade, da solidariedade e do bem-estar moral, que imporá melhores sentimentos e o fim do egoísmo, do orgulho e do materialismo.

A Missão do Espiritismo

O Espiritismo veio no tempo certo com a missão de acelerar essa marcha progressiva da humanidade.

Os Espíritos Superiores têm uma participação muito ativa para essa transformação moral e regeneração da humanidade, que já se está processando. Eles trouxeram uma nova ordem filosófica, religiosa e moral, com seus ensinamentos e suas revelações, através de médiuns. Preocupados com a evolução e o progresso da Terra, eles participam diretamente dos trabalhos regeneradores, reencarnando na Terra, em missão, para realizarem importante trabalho de construção de um mundo melhor.

A cada nova geração, os Espíritos melhorados trazem aspirações superiores, idéias renovadoras, anseios morais mais justos e necessidades intelectuais mais nobres. Assim, vão transformando e regenerando a Terra.

O Espiritismo trouxe uma nova orientação filosófica,

religiosa, moral e espiritual segura que leva os homens a trabalharem para o estabelecimento de um mundo melhor.

O Espiritismo estimula a prática do bem e prevê a sua vitória a cada nova geração, com a vinda dos Espíritos melhores e mais esclarecidos, que implantam o progresso, renovam os modos de vida e restringem a ação dos Espíritos que se mostram indignos de habitar a Terra transformada.

Oportunamente, estes Espíritos, incompatibilizados com as novas condições de vida, serão excluídos da Terra e encaminhados a mundos inferiores para não mais deterem o progresso e perturbarem as conquistas humanas. Eles vão sendo substituídos, gradualmente e de forma despercebida, por Espíritos melhores que vêm trabalhar com mais ardor na consolidação das novas disposições morais.

Assim, os bons Espíritos vão estabelecendo um progresso intelectual e moral inimaginado pelos homens e tornando geral a prática do amor, da caridade, da justiça, do bem, da fraternidade, da solidariedade e da paz.

Capítulo V

A MORTE DE ALLAN KARDEC

Era outubro de 1868. O sucesso do último livro de Allan Kardec, *A Gênese*, exigira uma segunda edição, apenas um mês após o seu lançamento. Isso não deu tempo para que Allan Kardec procedesse a alguns aprimoramentos em textos, revisão em algumas expressões, acréscimos em certos pontos, e modificações e condensações em outros, visando oferecer ao público uma nova reimpressão mais aperfeiçoada.

Porém, as palavras do Espírito São Luís, escritas através do médium Sr. Desliens, há cerca de dez meses, ressoavam ainda nitidamente na mente de Allan Kardec: ***"Esta obra vem a ponto, no sentido que a doutrina está hoje bem estabelecida do ponto de vista moral e religioso".***

E era, exatamente, o aspecto religioso do Espiritismo que ainda preocupava Allan Kardec. Por isso, ele decidiu abordar essa questão no seu discurso de abertura da Sessão Anual Comemorativa aos Mortos, que se realizaria na Sociedade Parisiense de Estudos Espíritas, no dia 1º de novembro próximo vindouro, servindo para que ele a esclarecesse ali e depois, publicamente, através da *Revista Espírita*.

A Religião Espírita

No dia marcado para o seu discurso, Allan Kardec respondeu à difícil questão. As palavras proferidas pelo insigne Codificador não deixaram margem para quaisquer dúvidas:

"Perguntarão, então, o Espiritismo é uma religião? Ora, sim, sem dúvida, senhores. No sentido filosófico, o Espiritismo é uma religião, e nós nos glorificamos por isto, porque é a doutrina que funda os elos da fraternidade e da comunhão de pensamentos, não sobre uma simples convenção, mas sobre bases mais sólidas: as mesmas leis da Natureza."

"Por que, então, declaramos que o Espiritismo não é uma religião? Porque não há uma palavra para exprimir duas idéias diferentes, e que, na opinião geral, a palavra religião é inseparável da de culto; desperta exclusivamente uma idéia de forma, que o Espiritismo não tem. Se o Espiritismo se dissesse uma religião, o público não veria aí senão uma nova edição, uma variante, se se quiser, dos princípios absolutos em matéria de fé; uma casta sacerdotal com seu cortejo de hierarquias, de cerimônias e de privilégios; não o separaria das idéias de misticismo e dos abusos contra os quais tantas vezes se levantou a opinião pública."

"Não tendo o Espiritismo nenhum dos caracteres de uma religião, na acepção usual do vocábulo, não podia nem devia enfeitar-se com um título sobre cujo valor inevitavelmente se teria equivocado. Eis por que simplesmente se diz: doutrina filosófica e moral."

"As reuniões espíritas podem, pois, ser feitas religiosamente, isto é, com o recolhimento e o respeito que comporta a natureza grave dos assuntos de que se ocupa. Pode-se mesmo, na ocasião, aí fazer preces que, em vez de serem ditas em particular, são ditas em comum, sem que por isto as tomem por assembléias religiosas. Não se pense que isto seja um jogo de palavras: a nuança é perfeitamente clara, e a aparente confusão é devida à falta de um vocábulo para cada idéia."

"Qual é, pois, o laço que deve existir entre os Espíritas? Eles não estão unidos entre si por nenhum contrato material, por nenhuma prática obrigatória. Qual o sentimento no qual se devem confundir todos os pensamentos? É um sentimento todo moral, todo espiritual, todo humanitário: o da caridade para todos, ou, por outras palavras: o amor do próximo, que compreende os vivos e os mortos, desde que sabemos que os mortos sempre fazem parte da humanidade."

A constituição do Espiritismo

Resolvida definitivamente a questão do aspecto religioso do Espiritismo, com a publicação de seu discurso sobre o assunto na *Revista Espírita*, Allan Kardec decidiu, então, trabalhar na estruturação, organização e unificação do Espiritismo.

Para isso, passou a empenhar-se na elaboração de um documento que reunisse os princípios, que estabelecesse um programa com bases sólidas, fortes e duráveis para a formação de instituições espíritas e que desse segurança na continuidade do progresso do Espiritismo.

A Unidade da Doutrina

A grande preocupação de Allan Kardec era assegurar a unidade da Doutrina, ante as opiniões divergentes que pudessem surgir sobre um determinado assunto e ante os dissidentes que pudessem se prender a sistemas divergentes e a idéias preconcebidas e interesseiras.

Contra isso, Allan Kardec recomendou que os espíritas

cuidassem para que todas as partes da Doutrina sempre formassem um conjunto determinado com precisão e clareza, sem deixar, nunca, nada em vago e sem estabelecer nenhuma ambigüidade ou interpretação contraditória de textos.

Adicionalmente, caberia aos espíritas: manter a Doutrina no campo prático, sem embaraçá-la com a adoção de quimeras; assegurar-lhe o progresso ao mantê-la apoiada nas leis da Natureza conhecidas ou nas que viessem a ser descobertas.

O chefe do Espiritismo

Com relação à existência de um chefe do Espiritismo, que mantivesse o seu progresso, defendesse os interesses gerais da Doutrina e centralizasse os estudos, as observações e os trabalhos, Allan Kardec avaliou todas as inconveniências e as dificuldades práticas decorrentes disso, ao longo do tempo.

Assim, Allan Kardec sugeriu a criação de um grande Comitê Central, eleito em Congresso, que tomasse as decisões necessárias, com o consentimento da maioria, representando a opinião geral das sociedades particulares. Caso, mesmo assim, esse Comitê entrasse pelo mau caminho, desviando-se dos princípios reconhecidos e prejudicando a Doutrina, o Congresso deveria pôr as coisas em ordem.

Allan Kardec previu, ainda, que esse Comitê teria sob a sua responsabilidade uma biblioteca, um museu, um dispensário, uma caixa de socorro e previdência, uma casa de retiro e uma sociedade de adeptos. Esse Comitê seria o proprietário das obras escritas por Allan Kardec, inclusive da *Revista Espírita*, para popularizá-las com as suas publicações em todos os países.

Princípios espíritas

Outra preocupação evidente de Allan Kardec era com os princípios de tolerância, respeito às opiniões, livre exame e liberdade de consciência.

Dessa forma, esse Comitê nunca seria imposto a ninguém; os costumes e os caracteres dos espíritas das mais diversas partes do Planeta seriam respeitados, de forma que a organização do Espiritismo não seria a mesma em toda parte do mundo. E a fraternidade, a identidade de crenças e a solidariedade moral ligariam os espíritas do mundo inteiro, sem que uns ficassem subordinados aos outros.

Mudanças

O ano de 1869 começou com Allan Kardec revendo os rumos de seus trabalhos. Assim, providenciou grandes alterações na sua vida pessoal e familiar, principalmente com instalação do escritório da *Revista Espírita* e da sede provisória da Sociedade Parisiense de Estudos Espíritas na sede da Livraria Espírita, na Rue de Lille, 7; e com a mudança de seu domicílio particular para a Avenue et Villa Ségur, 39, a partir de 1º de abril.

Implantação do Projeto

A prioridade, porém, seria a implantação do projeto de constituição do Espiritismo.

A divulgação, pela *Revista Espírita*, desse projeto tinha sido muito bem recebida pelos espíritas em geral.

Os demais trabalhos que se encontravam em andamento, inclusive a redação de livros novos, continuariam sob a sua inteira responsabilidade, até que a Comissão Central os absorvesse.

As experiências adquiridas nos últimos 12 anos, com os mais diferentes trabalhos realizados no campo do Espiritismo, permitiam a Allan Kardec desempenhar com desembaraço, método, organização, bom senso, profundidade e sucesso todas as tarefas inerentes à codificação da Doutrina dos Espíritos e a sua propagação.

Os materiais diversos, os documentos importantes e as correspondências recebidas de todas as partes do mundo eram, para Allan Kardec, matérias-primas que facilitavam a produção de novas obras doutrinárias.

Os seus escritos, em via de conclusão, que estavam sendo elaborados com paciência, concisão, seriedade e numa linguagem bem clara e elevada, seriam oportunamente publicados.

As reuniões na Sociedade Parisiense de Estudos Espíritas serviam ainda para trocas importantes de opiniões com muitos adeptos da Doutrina e para conhecer os pontos de vista de Espíritos das mais diversas ordens de elevação.

A morte súbita de Allan Kardec

Todos esses planos de Allan Kardec estavam sendo executados com precisão, quando, inesperadamente, por volta das onze horas e trinta minutos do dia 31 de março de 1869, nos escritórios da *Revista Espírita*, em meio ao expediente e aos preparativos necessários para a mudança de endereço no dia seguinte, ocorreu o rompimento de um aneurisma no coração.

A morte súbita, pondo fim à sua missão renovadora nos campos da ciência, filosofia, moral e religião, ocorreu quando Allan Kardec entregava "***um número da "Revue" a um caixeiro de livraria que acabava de comprá-lo; ele se curvou sobre si mesmo, sem proferir uma única palavra: estava morto. Sozinho em sua casa (rua de Sant'Ana), Kardec***

punha em ordem livros e papéis para a mudança que se vinha processando e que deveria terminar amanhã. Seu empregado, aos gritos da criada e do caixeiro, acorreu ao local, ergueu-o... nada, nada mais. Delanne acudiu com toda a presteza, friccionou-o, magnetizou-o, mas em vão. Tudo estava acabado.” (Fonte: *Allan Kardec*, volume III, primeira edição, página 120, autores Zêus Wantuil e Francisco Thiesen, edição FEB).

A notícia da morte de Allan Kardec espalhou-se rapidamente e foi manchete na maioria dos jornais da Europa.

O legado

O Espírito de Allan Kardec havia retornado à vida espiritual; porém, na Terra ficaram: suas grandes obras espíritas; seus exemplos de trabalho, perseverança, desinteresse absoluto, abnegação de si mesmo e dedicação a uma causa nobre; as manifestações de sua sabedoria e lógica superior que permitiram-lhe examinar todos os fenômenos espíritas e codificar o Espiritismo, e suas atitudes de coragem, honestidade, responsabilidade, prudência, fé raciocinada, tolerância, respeito, caridade e solidariedade.

Homenagens

No momento dos funerais, os discursos foram comoventes e cheios de recordações de sua vida dedicada ao trabalho.

O sr. Levant, vice-presidente, discursou em nome da Sociedade Parisiense de Estudos Espíritas, prometendo a continuidade da obra e dos trabalhos do mestre.

O sr. Camille Flammarion fez a prece pelos mortos e, em nome dos amigos de Allan Kardec, recordou todo o notável trabalho espírita realizado pelo sábio pesquisador, salientando as suas contribuições para a ciência com as provas da imortalidade da alma.

O sr. Alexandre Delanne discursou em nome dos Espíritas dos centros distantes, agradecendo a Allan Kardec os benefícios que espalhou com o poder inabalável da fé espírita raciocinada.

O sr. Muller discursou em nome dos amigos e da viúva e companheira por 37 anos de trabalhos e crenças, lembrando seu caráter nobre, sua carreira laboriosa desde a infância, sua vida virtuosa e prometendo honrar o filósofo e amigo com a prática das suas máximas e com a propagação dos seus trabalhos que encantaram e convenceram o mundo.

CAPÍTULO VI

O ESPIRITISMO APÓS A MORTE DE ALLAN KARDEC

Após a morte de Allan Kardec, seus companheiros formaram uma Comissão Diretora, que foi legalizada, aceita e reconhecida. Essa Comissão era composta por sete membros, sob a presidência do sr. Malet, com poderes para gerir a Sociedade Parisiense de Estudos Espíritas.

E a sra. Allan Kardec, única proprietária legal das obras doutrinárias e da *Revista Espírita*, doou à Caixa Geral do Espiritismo os lucros das publicações para fazer face às despesas.

Manifestações de Allan Kardec, Espírito

O estímulo maior para essa continuidade dos trabalhos vinha do Além. O Espírito Allan Kardec manifestava-se, demonstrando felicidade com as decisões que assegurariam o futuro da Doutrina. Ao mesmo tempo, pedia calma, tolerância, caridade, afeição, simpatia, humildade, compaixão, coragem e esperança para que os novos dirigentes do movimento espírita obtivessem sucesso em suas atribuições; e aconselhava os espíritas para amarem-se uns aos outros, mantendo-se unidos.

A expansão da Doutrina

Assim, a morte súbita de Allan Kardec não interrompeu a expansão e o crescimento da Doutrina Espírita, como muitos temiam.

Seus companheiros assumiram com dedicação, coragem e responsabilidade suas novas funções, empenharam-se em atender as necessidades do momento, e asseguraram a divulgação e o desenvolvimento do Espiritismo.

Amélie Boudet

A própria viúva de Allan Kardec, Amélie Gabrielle de Lacombe Boudet Rivail (23/11/1795 a 21/1/1883), embora com 74 anos de idade, assumiu uma participação muito mais ativa na propagação e na defesa do Espiritismo, tendo trabalhado até a sua morte, com extrema dedicação no gerenciamento dos interesses da Doutrina.

O sr. Pierre-Gaëtan Leymarie (2/05/1827 a 10/04/1901), adepto fervoroso do Espiritismo e grande amigo de Allan Kardec e de sua esposa, assumiu, paulatinamente, as enormes responsabilidades de propagação dos livros espíritas para todas as partes do mundo. Também, preocupou-se com a organização de Congressos Espíritas, nas principais cidades da Europa, com vistas à união dos espíritas.

Leymarie suportou muitas dificuldades em seus trabalhos no campo do Espiritismo, inclusive, tendo sofrido muitas perseguições, notadamente por ocasião do "Processo dos Espíritas", de 1875, quando foi acusado de conivência, por, ingenuamente, ter publicado na *Revista Espírita*, no ano anterior, fotografias de Espíritos, que eram mistificações produzidas pelo fotógrafo profissional Édouard Buguet.

Camille Flammarion

O sr. Camille Flammarion (26/2/1842 a 4/6/1925), um dos mais notáveis astrônomos da época e profundo estudioso e defensor do Espiritismo, passou a concentrar suas atividades na defesa dos princípios da Doutrina. Assim, escreveu diversos livros demonstrando a existência de Deus e a pluralidade dos mundos habitados.

Suas pesquisas espíritas sobre a sobrevivência da alma, as manifestações e as comunicações dos Espíritos e os problemas psíquicos no momento e após a morte do corpo material, contidas em seu livro *A Morte e o Seu Mistério*, notabilizaram-no ainda mais.

Com esse livro, Camille Flammarion ampliou, em muito, os conhecimentos espíritas. O vasto material que conseguiu reunir sobre as aparições dos Espíritos após os primeiros dias do falecimento do corpo despertaram a atenção de muitos estudiosos sobre as realidades espirituais.

A conclusão obtida por Flammarion sobre o assunto foi que o fenômeno da aparição do Espírito recém-desencarnado ocorre com muito mais freqüência durante o primeiro ano após o falecimento. Depois desse período, o fenômeno torna-se mais raro; porém, não deixa de ocorrer com o passar do tempo.

Assim, Camille Flammarion demonstrou, com suas pesquisas, muitos pontos constatados por Allan Kardec, tais como: a manutenção da forma humana no corpo espiritual; a conservação dos hábitos terrenos no Espírito desencarnado; as dificuldades que o Espírito recém-desencarnado encontra para perceber o seu novo estado no além-túmulo; a manutenção das afeições e das afinidades nos Espíritos, o que dificulta o afastamento dos seus entes queridos que continuaram na Terra, e o rigor da Justiça Divina, que dá a cada um o que ele preparou para si mesmo com as suas obras.

Léon Denis

Léon Denis (1º/1/1846 a 12/4/1927) destacou-se pela nobreza moral de sua alma. Sua principal preocupação foi dar continuidade ao desenvolvimento do Espiritismo em seus aspectos científico, filosófico, religioso e moral.

Para realizar esse trabalho, Léon Denis dedicou-se ardorosamente às pesquisas que podiam aprofundar os conhecimentos a respeito dos fenômenos e das realidades espirituais. Os resultados por ele obtidos foram reunidos em livros escritos com sentimentos elevados e com um rigoroso bom senso, a exemplo de Allan Kardec.

Os livros de Léon Denis: demonstraram que há uma enorme concordância nas revelações dos Espíritos, reafirmando os princípios da Doutrina Espírita; abordaram os atributos de Deus e suas leis, sábias e justas; evidenciaram a imortalidade da alma e sua sobrevivência no além; detalharam as faculdades mediúnicas; reuniram importantes resultados obtidos com pesquisas realizadas com muitos médiuns; reafirmaram o papel importante que os fluidos emitidos pelos médiuns desempenham nas manifestações dos Espíritos; confirmaram o desprendimento parcial do Espírito por ocasião do sono do corpo material; estudaram as aparições e as materializações de Espíritos; defenderam a Lei da Reencarnação; possibilitaram um melhor entendimento das propriedades do perispírito, que serve de molde e esboço para a formação do corpo material, aclarando muitas de suas características fisiológicas; reafirmaram as realidades que permeiam o processo da desencarnação, a entrada do Espírito na vida além-túmulo e os estados de felicidade ou de infelicidade que eles experimentam na vida espiritual; dilataram os conhecimentos acerca da vontade, da consciência, do livre-arbítrio, do pensamento e do amor; e valorizaram a fé, as preces e as virtudes que distinguem os homens de bem e melhoram as condições de vida dos seres humanos.

Somente a leitura dos livros escritos por Léon Denis pode dar uma idéia precisa do quanto ele conseguiu engrandecer o Espiritismo.

Gabriel Delanne

Gabriel Delanne (23/3/1857 a 15/2/1926), outro expoente do Espiritismo na França, era filho de pais espíritas, companheiros de Allan Kardec. Por isso, assimilou, com muita facilidade, os fundamentos do Espiritismo.

Sua paixão pelo estudo dos fenômenos espíritas permitiu-o realizar pesquisas importantes sobre a imortalidade da alma, os fenômenos mediúnicos, as aparições materializadas e a reencarnação.

Foi estudando as Leis da Reencarnação que Gabriel Delanne deu a sua mais notável contribuição para a Doutrina Espírita. Ele detalhou, com uma precisão incrível, o papel que o perispírito desempenha na materialização estável e permanente do Espírito na crosta da Terra, permitindo a encarnação.

Assim, ele demonstrou, principalmente, a enorme distinção existente entre a hereditariedade física e a hereditariedade psicológica, explicando a mente e a personalidade do ser humano como exteriorização das faculdades da alma; e chamou a atenção para o nascimento de crianças-prodígio, sábias e talentosas, em meios sociais modestos, simples e obscuros.

Gabriel Delanne caracterizou seus trabalhos pelo fortalecimento das pesquisas científicas no Espiritismo.

William Crookes

O eminente cientista britânico, *sir* William Crookes, (17/6/1832 a 4/4/1909), membro da Real Sociedade de Londres e homem muito condecorado pelas descobertas e respeitado pela qualidade elevada empregada em suas investigações científicas, decidiu pesquisar, a partir de 1870, os fatos espíritas, empregando severos critérios científicos. Para isso, recorreu a muitos outros cientistas notáveis.

Para evitar possíveis fraudes, os fenômenos espíritas eram produzidos em sua própria casa. Assim, Crookes confirmou a realidade dos fenômenos físicos produzidos com o auxílio do famoso médium Daniel Dunglas Home (1833 a 1886).

Em seguida, William Crookes concentrou seus esforços na análise das materializações surpreendentes do Espírito Katie King, obtidas com o concurso da extraordinária médium Florence Cook (1856 a 1904).

Foi dessa forma que William Crookes contestou, publicamente, as teorias materialistas. Ele tinha comprovado, em ambientes totalmente controlados, a realidade da existência e das manifestações dos Espíritos no mundo físico.

Com isso, decidiu publicar o livro *Fatos Espíritas*, contendo os resultados obtidos com seu trabalho no campo das manifestações dos Espíritos e defendendo publicamente o Espiritismo para fazer calar os seus opositores.

Arthur Conan Doyle

Ainda, na Inglaterra, o famoso *sir* Arthur Conan Doyle (22/5/1859 a 7/7/1930), doutor em medicina, pesquisador de métodos científicos no campo policial, historiador e escritor de renome internacional, após sérios estudos dos fenômenos espíritas, principalmente na famosa Sociedade de Pesquisas Psíquicas, declarou, publicamente, em 1887, a sua conversão ao Espiritismo.

A partir de então, passou a divulgar a Doutrina em seus aspectos científico, filosófico e religioso e a realizar conferências sobre o Espiritismo em diversos países.

Conan Doyle reuniu fatos históricos importantes que lhe permitiram a formação do seu excelente e muito consciencioso livro *História do Espiritismo*, publicado em 1926.

Alexander N. Aksakof

Na Rússia, Alexander N. Aksakof (27/5/1832 a 4/1/1903) interessou-se pelo Espiritismo em 1870, quando começou a estudar com profundidade os fatos espíritas e as materializações dos Espíritos.

Com suas pesquisas, constatou que essa ciência nova fornecia aos homens a solução para os principais problemas da existência humana. Assim, publicou, em 1890, seu famoso livro *Animismo e Espiritismo*, mostrando seus trabalhos experimentais e defendendo os postulados espíritas.

Ernesto Bozzano

Ernesto Bozzano (2/1/1862 a 24/6/1943), inicialmente adepto fervoroso das teorias positivistas e materialistas, foi atraído, em 1891, pelas pesquisas psíquicas do famoso professor da Faculdade de Medicina de Paris Charles Richet, que se tornou, em 1913, Prêmio Nobel de Fisiologia.

Essas pesquisas mudaram completamente os rumos da vida desse homem muito culto: ele decidiu aprofundar as análises e avaliar criteriosamente os fatos espíritas. Assim, estudou os livros de Allan Kardec, Alexander Aksakof, Gabriel Delanne, Léon Denis, William Crookes, dentre outros.

Depois, passou a realizar as próprias investigações metódicas dos fenômenos espíritas, participando de trabalhos realizados por pesquisadores sérios das manifestações mediúnicas.

Assim, ajudou a formar a Sociedade de Estudos Psíquicos ou Círculo Científico Minerva, na cidade de Gênova, na Itália. Nesta sociedade, Ernesto Bozzano pôde presenciar as manifestações espíritas de todas as ordens e obter provas incontestáveis da identidade dos Espíritos. Porém, foram as experiências com a médium Eusápia Paladino (3/3/1854 a 9/7/1918), que lhe permitiram obter provas mais sólidas com as materializações completas de Espíritos em plena luz.

Assim, Ernesto Bozzano decidiu relatar suas constatações em livros. Suas experiências práticas haviam lhe dado uma convicção espírita inabalável. Assim, Ernesto Bozzano reafirmou todos os princípios do Espiritismo, principalmente com suas investigações acerca da entrada do Espírito recém-desencarnado na vida espiritual, estabelecendo com precisão as fases do pós-morte.

Cesar Lombroso

Cesar Lombroso (6/11/1835 a 19/10/1909), médico, criminologista e professor universitário, dedicou-se, também, a partir de 1891, ao estudo dos fenômenos físicos produzidos pela médium Eusápia Paladino (1854 a 1918).

Com isso, mudou, honestamente, a sua posição de detrator do Espiritismo para grande defensor dos fenômenos mediúnicos e dos princípios da Doutrina dos Espíritos.

As suas experiências e experimentações espíritas deram-lhe provas incontestáveis dos fatos espíritas. A materialização do Espírito de sua própria mãe desencarnada, com quem manteve emocionantes diálogos, esgotou qualquer dúvida da realidade das manifestações dos Espíritos.

Outros Espíritas importantes

Nomes de muitos outros pesquisadores e médiuns importantes devem ser ressaltados pelas contribuições valiosas que deram ao Espiritismo, em diversas partes do mundo: *sir* Oliver Lodge; Eugène Nus; Epes Sargent; Gustave Geley; Albert de Rochas; Barão Karl de Du Prel; *sir* Alfred Russel Wallace; Emma Hardinge; William Stainton Moses; dr. Paul Gibier (1851 a 1900); Jean Meyer; dr. Joseph Venzano; Luís Arnaldo Vassalo; Professor Enrico Morselli; prof. Franscisco Porro; William Eglinton; Elisabeth d'Esperance (1849 a 1918); Eleonora Piper (1858 a 1950); dr. W. Crawford; barão Scherenck Notzing; Friedrich Zöllner; Charles H. Foster; G.B. Ermacira; William James; Fernández Colavida; Amália Domingo Soler; dentre muitos outros que conquistaram o respeito e a admiração dos espíritas do mundo inteiro, porque deram enorme vitalidade ao Espiritismo.

A Devastação da Primeira Guerra Mundial

Nesse percurso muito gratificante, algo inesperado, constrangedor e destrutivo aconteceu. Eclodiu a Primeira Grande Guerra Mundial (1914 a 1918), que envolveu diretamente a França, Alemanha, Inglaterra e Itália, além de outros países onde o Espiritismo tinha firmado raízes sólidas, profundas e fortes.

A Grande Guerra trouxe a morte para os filhos de muitas famílias, as quais buscaram comunicações com os Espíritos de seus familiares desencarnados nas batalhas, com o interesse de saberem as condições da vida no além-túmulo e de buscarem consolação com as comunicações dos entes queridos recém-desencarnados.

Mas, essa rápida popularização das comunicações espíritas logo passou. A Guerra passou a assumir proporções inimagináveis e a causar grandes ruínas nas principais cidades da Europa, com o enorme poder destruidor das novas armas utilizadas nas batalhas.

Em abril de 1917, os Estados Unidos entraram na Guerra ampliando suas dimensões geográficas e espalhando o terror além da Europa. Com isso, o Espiritismo sofreu um forte abalo na sua estrutura, que estava implantada principalmente na Europa.

O fim das idéias espiritualistas de amor ao próximo e de fraternidade entre os povos e as surpreendentes destruições havidas principalmente em Paris esfriaram rapidamente os sentimentos religiosos. Não havia mais clima para se cuidar das coisas espirituais, do relacionamento moral e de se praticar filosofias espiritualistas de vida.

Assim, essa Primeira Grande Guerra Mundial promoveu profundas transformações políticas, sociais e econômicas nos principais países do mundo, abafando a força filosófica, moral e religiosa da Doutrina dos Espíritos.

Além disso, após essa Guerra, surgiram sérias restrições à prática das idéias espiritualistas, porque as crises demonstravam a incapacidade de reconstruir rapidamente os danos materiais ocorridos nas nações mais afetadas.

Assim, a humanidade assistiu ao rápido fortalecimento do nacionalismo, militarismo, autoritarismo, totalitarismo, socialismo, imperialismo, fascismo e nazismo, que se opunham totalmente à prática da caridade, da fraternidade e da liberdade.

A Segunda Guerra Mundial

A reconstrução das conquistas materiais era a prioridade, quando aconteceu nova desgraça: surgiu a grande depressão econômica de 1929, que se espalhou pelo mundo, acirrando as disputas entre as nações e abrindo caminhos para novos desentendimentos. Assim, eclodiu a Segunda Grande Guerra Mundial (1939 a 1944).

Infelizmente, o epicentro da Guerra foi nos países onde o Espiritismo tinha florescido com maior vigor e encontrado um campo aberto para progredir e conquistar o apoio popular. As principais cidades desses países foram o palco das batalhas mais sangrentas com o uso de novas e poderosíssimas armas.

Paris, berço e o principal foco difusor do Espiritismo, sofreu uma devastação inacreditável. Infelizmente, não houve como preservar toda a estrutura montada pelos adeptos do Espiritismo ao longo de muitos anos de trabalho.

A Desestruturação do Espiritismo na Europa

Depois dessas duas Grandes Guerras Mundiais, a Europa concentrou seus esforços na reconstrução das coisas materiais e desprezou a propagação das doutrinas que ensinavam o amor, a caridade, a fraternidade, a solidariedade, a tolerância, o altruísmo e a liberdade.

Os povos das nações diretamente envolvidas nas Guerras foram levados a trabalhar, prioritariamente, na rápida recuperação econômica, política e social. Dessa forma, as idéias filosóficas, religiosas e espiritualistas foram relegadas a um segundo plano, quando não sufocadas pelas idéias materialistas, orgulhosas e egoísticas, impostas pelos poderes ditatoriais.

Na Itália, por exemplo, o Espiritismo sofreu tanto com as

duas Grandes Guerras que, até hoje em dia, mesmo com a nova realidade dos regimes democráticos, os adeptos do Espiritismo tentam ardorosamente reorganizar as sociedades espíritas e difundir em larga escala os ensinamentos doutrinários. Os preconceitos estabelecidos pelos regimes autoritários precisam ainda ser superados e as impressões das ameaças deixadas pelo processos legais contra a prática da mediunidade e a realização de reuniões espíritas precisam ser ainda apagadas.

Na França, o Espiritismo, felizmente, já começou sua reestruturação com a formação de algumas instituições espíritas importantes, como a União Espírita Francesa e Francofone, que vem trabalhando arduamente na difusão dos princípios da Doutrina. Mas os franceses, de um modo geral, ainda dão pouca importância para as religiões, o desenvolvimento da religiosidade, para a exteriorização da fé, para os valores da prece, para as crenças na existência de Deus, para as realidades da vida após a morte, para os fenômenos mediúnicos e as comunicações com os Espíritos. Isso tem dificultado a propagação do Espiritismo, exigindo muito trabalho a ser realizado.

Essas realidades não são muito diferentes na Alemanha, na Inglaterra, nos Estados Unidos, na Rússia e em muitas outras partes do mundo, onde somente agora os valores da democracia e da liberdade em todos os campos da vida estão sendo reintroduzidos na sociedade.

CAPÍTULO VII

O ESPIRITISMO NO BRASIL

O povo brasileiro teve uma formação cultural inédita no mundo. Isto decorreu das fortes influências exercidas pelos portugueses, desde o período da colonização; pelos franceses e pelos holandeses nos períodos das invasões exploratórias; pelos índios nativos durante os processos de aculturamento e socialização; pelos jesuítas no trato dos assuntos religiosos, e durante a cristianização dos índios; e pelos negros que vieram aprisionados da África para trabalhar, como escravos, principalmente na produção do açúcar.

Essas influências deram origem a uma formação cultural totalmente nova no mundo, que ganhou contornos inusitados com a vinda dos imigrantes de diversos países em busca de ouro e de minerais preciosos; com a transferência para o Brasil dos governantes e dos nobres portugueses, em 1808, em decorrência da invasão de Portugal pelos franceses; com os acordos de comércio muito favoráveis para os ingleses, que impuseram lentamente novos costumes e idéias, principalmente contra a escravidão; com a chegada dos trabalhadores europeus livres e assalariados para trabalharem principalmente nas fazendas de café; e com a vinda de pessoas do oriente, com formação cultural e religiosa muito diferente da religião católica, para assumirem posições na agricultura, na indústria nascente de substituição de importações e no comércio.

Embora essa formação e desenvolvimento cultural bastante diferenciados do resto do mundo, a Igreja Católica se adaptou perfeitamente e conseguiu sustentar uma posição de supremacia, com suas missas e festas religiosas, suas cerimônias de casamentos e batizados e com os seus atos litúrgicos tradicionais.

Para se ter uma idéia mais precisa do resultado dessa formação cultural e religiosa do povo brasileiro, cabe salientar a situação da Igreja no século XIX, quando o Espiritismo surgiu na França:

"A Igreja Católica teve reduzida importância política no Brasil do século XIX. O clero, pelo regime do Padroado, ficava submetido ao Estado. Os padres eram funcionários públicos e recebiam salários do governo. Mesmo as determinações papais deviam ser aprovadas pelo governo imperial, através do chamado beneplácito, para então serem cumpridas pelo clero. Tal situação existia não apenas no Brasil, mas em vários países. O clero brasileiro era malformado e sua disciplina extremamente frouxa: comumente encontravam-se padres com reduzidos conhecimentos doutrinários, amancebados, com inúmeros filhos, exercendo variados ofícios. Entre os leigos eram comuns as práticas sincréticas (práticas religiosas onde se misturam elementos de várias religiões), misturando o catolicismo com cultos africanos. Também era freqüente católicos participarem da maçonaria." *(Fonte:* História do Brasil*, Raymundo Campos, Editora Atual, Capítulo 7, "A Crise do Império".)*

A chegada do Espiritismo ao Brasil

Nessa formação cultural, social e religiosa peculiar, chegou ao Brasil o Espiritismo, para ocupar um importante espaço, principalmente nas cidades do Rio de Janeiro e de Salvador, que possuíam, cada uma, uma população estimada em torno de 50 mil habitantes e com meios de comunicação com o Exterior muito precários.

As primeiras notícias históricas

As primeiras notícias históricas da chegada do Espiritismo no Brasil encontram-se na *Revista Espírita* de julho de 1864, isto é, apenas sete anos após o lançamento de *O Livro dos Espíritos*.

Allan Kardec reproduziu um artigo publicado no *Jornal do Comércio,* do Rio de Janeiro, de 23 de setembro de 1863, que analisava a ocorrência de fenômenos sobrenaturais representados por movimentação de mesa pela imposição das mãos; por respostas a perguntas, obtidas através de pequenas batidas, seguindo um alfabeto próprio; e por escrita mediúnica, obedecendo a uma vontade estranha e desconhecida.

O autor do artigo publicado no Rio de Janeiro mencionava a existência de *O Livro dos Espíritos*; afirmava que o Espiritismo havia feito, em poucos anos, grandes progressos, como a ciência que estuda esses fatos; e revelava a sua convicção na realidade incontestável dos fenômenos espíritas a que havia assistido, embora tivesse dificuldades para explicar a sua produção.

Allan Kardec comentou esse artigo, explicando que a parte teórica do Espiritismo já estava desenvolvida o suficiente para explicar as manifestações dos Espíritos de modo racional, pela observação dos fatos e pela dedução das experiências, colocando-os na ordem dos fatos naturais.

Allan Kardec registrou, ainda, a satisfação de constatar os progressos sensíveis que a idéia espírita havia feito no Rio de Janeiro, onde contava com numerosos representantes fervorosos e devotados.

Allan Kardec concluiu seus comentários dizendo que a publicação, em português, da pequena brochura *O Espiritismo em sua Expressão mais Simples* tinha contribuído para espalhar os verdadeiros princípios da Doutrina.

Outra notícia histórica sobre o Espiritismo no Brasil foi publicada também na *Revista Espírita* de novembro de 1865.

O jornal *Diário da Bahia* havia reproduzido, em 26 e 27 de setembro de 1865, dois artigos publicados seis anos antes em Paris, criticando *O Livro dos Espíritos* e os fenômenos espíritas.

Além da defesa de Allan Kardec, a *Revista Espírita* publicou uma carta encaminhada pelos brasileiros Luís Olympio Telles de Menezes, José Alvares do Amaral e Joaquim Carneiro de Campos, ao referido jornal, pedindo a reprodução de trechos de *O Livro dos Espíritos* para que os leitores do jornal pudessem fazer uma apreciação conscienciosa da realidade dos fatos.

Ainda, Allan Kardec elogiou, na *Revista Espírita*, as citações textuais das obras espíritas para melhor refutar as deformações e as descrenças que certos críticos queriam causar na Doutrina e para que o público pudesse fazer um julgamento imparcial.

Assim, como se vê, poucos anos após a publicação das primeiras obras de Allan Kardec, o Espiritismo já se instalara no Brasil e contava com adeptos e defensores fervorosos.

Luís Olympio Telles de Menezes

Luís Olympio Telles de Menezes, nascido em Salvador, em 26 de julho de 1825, e desencarnado no Rio de Janeiro, em 16 de março de 1893, era militar, professor, poliglota, taquígrafo e bibliotecário. Ele foi um dos pioneiros da implantação do Espiritismo no Brasil. Ele fundou o primeiro Centro Espírita brasileiro, em 17 de setembro de 1865, com o nome de "Grupo Familiar do Espiritismo". Posteriormente, em julho de 1869, lançou o primeiro jornal espírita do Brasil com o nome de *Echo d'Além-Túmulo*.

Evidentemente, Luís Olympio teve que enfrentar grandes preconceitos e ataques, mas, com muita coragem e convicção, publicou diversos artigos em jornais baianos, esclarecendo pontos da doutrina espírita e defendendo-a dos ataques infundados. Esses fatos chamaram a atenção do grande público para o Espiritismo e estimularam a formação de novos grupos familiares de estudo da Doutrina Espírita, que realizavam experiências mediúnicas.

Dessa forma, o Espiritismo começou a se espalhar pelas cidades dos Estados da Bahia, Pará, Maranhão, Pernambuco e Rio de Janeiro. Para esta última cidade, Luís Olympio mudou-se, em 1879, onde continuou seu trabalho espírita de divulgação da Doutrina.

Augusto Elias da Silva

No Rio de Janeiro, o Espiritismo floresceu maravilhosamente com os trabalhos mantidos pela Sociedade Acadêmica Deus, Cristo e Caridade. Nesta Sociedade, destacou-se Augusto Elias da Silva (Portugal, 1848 - Rio de Janeiro, 18/12/1903), convertido ao Espiritismo, em 1881, após o estudo das obras de Allan Kardec e pelas observações das manifestações dos Espíritos em alguns grupos espíritas.

Elias da Silva teve uma atuação muito importante na divulgação do Espiritismo ao ter decidido lançar um jornal quinzenal denominado *Reformador*, em 21 de janeiro de 1883, custeado com recursos próprios.

No ano seguinte, em 1º de janeiro de 1884, Elias da Silva conseguiu mobilizar outros companheiros de Doutrina para fundarem juntos uma nova instituição espírita, a Federação Espírita Brasileira. Esta instituição se responsabilizaria pelo periódico *Reformador*; em 1885, absorveria os trabalhos da Sociedade Acadêmica Deus, Cristo e Caridade; conseguiria a filiação de importantes sociedades espíritas do Rio de Janeiro, e, paulatinamente, assumiria um papel importante no movimento espírita brasileiro.

Dr. Adolfo Bezerra de Menezes Cavalcanti

O dr. Adolfo Bezerra de Menezes Cavalcanti (Riacho do Sangue, Ceará, 29/08/1831 - Rio de Janeiro, 11/04/1900), pessoa muito conhecida como médico e político, reassumiu a presidência da Federação Espírita Brasileira em 3 de agosto de 1895. Nesse cargo, ditou aos espíritas orientações doutrinárias e cristãs, disseminou práticas puramente evangélicas, apoiadas na caridade, e conseguiu dar um grande fortalecimento na instituição, beneficiando a divulgação do Espiritismo para todo o Brasil.

Antonio Gonçalves da Silva - Batuíra

Na cidade de São Paulo, destacou-se Antônio Gonçalves da Silva, apelidado Batuíra (Portugal, 19/03/1839 - São Paulo,

22/01/1909), que possuía grande espírito empreendedor e era alma muito generosa e caridosa.

Sua conversão ao Espiritismo ocorreu com a consolação obtida por ocasião da morte de seu filho único, aos 12 anos de idade, com sua segunda esposa. Assim, inseriu-se com fervor no movimento espírita e passou a freqüentar o "Grupo Familiar Dr. Ramos Nogueira".

Em abril de 1890, reorganizou o Grupo Espírita Verdade e Luz, que se destacou pelo estudo de *O Evangelho Segundo o Espiritismo*.

Em maio de 1890, Batuíra lançou um jornal espírita, de publicação quinzenal, denominado *Verdade e Luz*. Este periódico cresceu rapidamente e atingiu, em 1897, a notável tiragem de 15 mil exemplares, divulgando a Doutrina por todo o Brasil. O sucesso desse jornal deveu-se à publicação de artigos dos mais conhecidos espíritas da época.

Assim, o nome Batuíra popularizou-se e tornou-se respeitado, principalmente pelo socorro que prestava aos pobres e pela caridade que praticava com sua mediunidade curadora.

Com o seu amor pela Doutrina, Batuíra auxiliou na fundação e na expansão de muitos Centros Espíritas em diversas cidades dos Estados de São Paulo, Minas Gerais e Rio de Janeiro.

Seu prestígio cresceu com a realização de conferências, com a distribuição de folhetos de propaganda da Doutrina e com a divulgação dos livros espíritas. Assim, Batuíra tornou-se um dos maiores propagandistas e divulgadores do Espiritismo no Brasil.

Cairbar de Souza Schutel

Ainda, no Estado de São Paulo, surgiu outro notável

trabalhador e propagador da Doutrina Espírita: Cairbar de Souza Schutel (Rio de Janeiro, 22/9/1868 - Matão, SP, 30/1/1938). Atraído pelas manifestações dos Espíritos, procurou conhecer a Doutrina e desenvolver sua mediunidade, tendo obtido grande sucesso no campo da psicografia. Assim, passou a se aprofundar no estudo das obras espíritas.

Em 15 de julho de 1905, fundou o primeiro Centro Espírita da região de Matão, denominado Centro Espírita Amantes da Pobreza. Um mês depois, lançou o jornal *O Clarim*, que circula até os dias atuais.

Com sua oratória notável, difundiu o Espiritismo por muitas outras cidades do Estado de São Paulo e foi o primeiro espírita a divulgar o Espiritismo através de um programa de rádio.

Com seu notável espírito empreendedor, fundou a *Editora O Clarim* e passou a publicar livros de sua autoria, facilitando o entendimento, pelo povo brasileiro, da Doutrina dos Espíritos.

Em 15 de fevereiro de 1925, lançou a *Revista Internacional de Espiritismo*, com grande repercussão, por conter artigos de ilustres espíritas europeus.

A força moral de Cairbar Schutel e o seu espírito extremamente caridoso tornaram-no profundamente respeitado na região, o que facilitou superar os preconceitos, as perseguições e as incompreensões que sofreu, com seu pioneirismo espírita no interior paulista. Suas obras e seus exemplos na prática da caridade divulgaram o Espiritismo para todos os cantos do Brasil.

Anália Emília Franco

Anália Emília Franco (Resende -RJ, 1/2/1856 - São Paulo, 20/1/1919), professora, educadora e escritora, que divulgou o Espiritismo principalmente através de suas inúmeras obras filantrópicas.

Eurípedes Barsanulfo

Eurípedes Barsanulfo (Sacramento -MG, 1/05/1880 a 1/11/1918), professor, jornalista e político, que se converteu ao Espiritismo, em 1905. A partir de então, passou a dedicar-se fervorosamente à Doutrina Espírita.

Assim, formou o Grupo Espírita Esperança e Caridade e, em abril de 1907, fundou o Colégio Allan Kardec, para educação moral e intelectual principalmente dos pobres e órfãos.

Sua fidelidade à Doutrina Espírita levou-o a participar de debates públicos e a travar polêmicas jornalísticas em defesa do Espiritismo.

Sua mediunidade, manifestada de diversas formas, principalmente a curadora, vidência, falante e psicografia, permitiu-o aliviar os sofrimentos de muitas pessoas e espalhar a caridade por toda a redondeza de sua cidade natal.

Com isso, ocorreu uma surpreendente popularização do nome de sua cidade, de onde a mensagem espírita era espalhada para distantes localidades do Brasil.

Outros líderes importantes

Como resultados desses grandes esforços e empreendimentos, o movimento espírita espalhou-se por todo o Brasil e cresceu nas principais localidades do País.

Assim, novos líderes espíritas importantes foram surgindo, em níveis familiar, municipal, regional e estadual; o movimento espírita foi-se estruturando; o Espiritismo foi-se popularizando; muitos novos Centros e Instituições Espíritas foram surgindo no Brasil, com dinamismo suficiente para vencer enormes preconceitos e dificuldades.

Francisco Cândido Xavier

Em 1932, despontou, no meio espírita, um médium que daria impulso surpreendente para a consolidação do Espiritismo no Brasil. Trata-se de Francisco Cândido Xavier, nascido em uma família muito simples e humilde, na cidade de Pedro Leopoldo, Minas Gerais, no dia 2 de abril de 1910.

Em 8 de julho de 1927, então com dezessete anos de idade, levando uma vida muito dedicada ao trabalho para ajudar a suprir as necessidades materiais de sua família, começou a treinar a psicografia no Centro Espírita Luiz Gonzaga.

Parnaso de Além-Túmulo

O desenvolvimento de sua faculdade mediúnica foi rápido. Surpreendentemente, já, em 1932, a Federação Espírita Brasileira lançaria seu primeiro livro psicografado, com o título de *Parnaso de Além-Túmulo*, contendo 259 poemas de 56 poetas desencarnados, de grande notabilidade da língua portuguesa.

O impacto desse lançamento no campo da literatura espírita foi enorme. Os críticos literários ficaram surpresos com os mesmos estilos inconfundíveis e peculiares de seus autores, quando encarnados. Eram provas incontestáveis da sobrevivência e da comunicabilidade dos Espíritos.

Este livro de poemas abriu espaço para o lançamento, mais tarde, de muitos outros, psicografados por Chico Xavier, contendo composições de incontáveis poetas desencarnados, abordando muitos pontos doutrinários e, principalmente, ressaltando as atitudes morais e as condutas evangélicas que beneficiam a todos.

Cartas de uma Morta

Três anos depois do primeiro lançamento, em 1935, a *Livraria Allan Kardec Editora* (LAKE), de São Paulo, lançou o segundo livro psicografado por Francisco Cândido Xavier, tendo por título *Cartas de uma Morta*. Este livro também trouxe muitas surpresas com as revelações surpreendentes feitas pelo Espírito Maria João de Deus, mãe do médium, desencarnada em 1915.

As situações enfrentadas por ela, após a morte do seu corpo material, mostravam as mesmas realidades espirituais difundidas por alguns Espíritos na Europa, e contidas em publicações tais como: *Trinta Anos entre os Mortos*, de Wickland; Apêndice de *Glimpses of The Next State*, do Almirante Usborne Moore; *Vida Além do Véu,* do Rev. Vale Owen; *Case of Lester Coltman*, de Lilian Walbrook; *Thought Lectures from The Spiritualist Reader*; *Raymond*, de Oliver Lodge; *A Testemunha*, de Mrs. Platts; *No Limiar do Etéreo*, de J. Arthur Findlay; *The New Revelation,* de Mr. Herbert Wales; *Letters from a Dead Living Man*, de Elsa Barker; *Life in The World Unseen,* de Anthony Borgia; e *A Crise da Morte*, de Ernesto Bozzano.

Este segundo livro psicografado por Chico Xavier – *Cartas de uma Morta* – despertou a atenção de espíritas e não espíritas, porque as condições do ingresso do Espírito comunicante na vida espiritual eram ainda pouco conhecidas no Brasil: a complicada perturbação espiritual com a morte do corpo físico, agravada pelas dolorosas expectativas da separação dos entes queridos; as dificuldades do Espírito recém-desencarnado em distinguir, de imediato, os Espíritos amigos que estavam prestando ajuda espiritual; o sono acompanhado de pesadelos; a perda transitória da consciência; a dificuldade de desprendimento do corpo material; a visão dos quadros que mostravam os fatos ocorridos na vida, permitindo a rememoração dos mínimos detalhes da existência material; a demora exagerada para perceber que havia adentrado o mundo espiritual; as surpresas com a continuidade das faculdades mentais, intelectuais, sentimentais e morais; os esforços dos bons Espíritos para esclarecer o Espírito acerca da nova situação; a necessidade de continuar, na nova fase da vida imortal, trabalhando, estudando e prestando benefícios aos semelhantes; a matéria sutil do mundo espiritual que se adapta maravilhosamente à vontade dos Espíritos; a sociedade espiritual superior organizada de forma elevada; a manutenção das mesmas afeições e dos mesmos bons sentimentos que dedicara aos entes queridos que ficaram na Terra; a conservação da aparência e da forma humana no corpo espiritual; a invisibilidade dos Espíritos superiores que precisam materializar-se para serem vistos; o reencontro com Espíritos familiares que a haviam precedido na volta à vida espiritual; a constatação surpreendente da existência, no Além, de um mundo real, moralmente mais aperfeiçoado do que a Terra, constituído por construções, edifícios, casas, plantas e animais; a necessidade de nutrição do corpo espiritual; as atividades e tarefas incessantes que os Espíritos de todas as ordens precisam manter, de acordo com as suas capacidades e habilidades; a posse das faculdades volitivas que permitem aos Espíritos se deslocarem com uma rapidez surpreendente percorrendo enormes distâncias em poucos segundos; a possibilidade de regresso ao antigo lar terreno para rever e ajudar os familiares queridos; a grande diversidade de situações do Espírito no Além, de acordo com seus méritos e suas obras; a existência de regiões maravilhosas na vida espiritual, mas, também, de regiões obscuras, cheias de amargores e sofrimentos para os Espíritos que não souberam praticar o bem e as virtudes na vida temporária que tiveram na Terra; a existência de uma região inferior no plano espiritual vizinha à Terra, onde os Espíritos sofredores vivem desesperados por estarem ainda vinculados ao mal; os habitantes das regiões sombrias, que são, permanentemente, acompanhados e socorridos por Espíritos bondosos; as maravilhas da vida livre fora do corpo material; as excursões a outros planetas habitados do nosso sistema solar; as recordações dos fatos vividos em existências anteriores; o papel bondoso dos guias espirituais que ensinam e esclarecem os recém-chegados ao mundo espiritual; os trabalhos que os bons Espíritos realizam junto dos Espíritos encarnados, inspirando-lhes coragem e ajudando-os a superar os sofrimentos; e o poder das preces, que sobem ao plano espiritual, onde são examinadas e atendidas de acordo com os méritos.

Palavras do Infinito

O terceiro livro psicografado por Chico Xavier foi publicado em 1936, com o título *Palavras do Infinito*. Ele inaugurou um estilo novo nas mensagens espirituais. Diversos Espíritos escreveram mensagens, cartas, poemas, crônicas e responderam a diversas perguntas. Dentre eles destacaram-se Humberto de Campos, Nilo Peçanha, Eça de Queirós, Cruz e Souza, Guerra Junqueiro, Augusto dos Anjos, Antero de Quental, Carmen Cinira e Emmanuel.

Os temas abordados tinham um conteúdo filosófico, moral e religioso muito elevado, revelando a superioridade dos Espíritos comunicantes. Esse modelo novo de livro, contendo muitas mensagens ditadas por Diversos Espíritos, teve uma grande aceitação popular e passou a compor a maioria dos livros seguintes psicografados por Chico Xavier.

Assim, surgiram dezenas de livros contendo mensagens

espirituais que contribuíram para o fortalecimento da Doutrina dos Espíritos, pela abrangência dos assuntos abordados e, principalmente, pelos conceitos filosóficos, religiosos e morais emitidos e pelas práticas espíritas recomendadas.

Crônicas de Além-Túmulo

O quarto livro, intitulado *Crônicas de Além-Túmulo,* era exclusivo do Espírito Humberto de Campos, famoso membro da Academia Brasileira de Letras.

A polêmica, então, foi inevitável. Porém, nem o Espírito, nem o médium se abalaram. Assim, surgiram muitos outros livros do mesmo autor espiritual abordando fatos históricos, narrando histórias e contos, respondendo cartas, escrevendo mensagens e fazendo relatos, reportagens e crônicas, sempre encantando os leitores pelo estilo literário preciso e agradável e pela forma elegante e fácil de abordar a realidade espiritual.

Então, aconteceu o inesperado: a família do autor espiritual moveu um processo contra a editora e o médium, reivindicando os direitos autorais das obras. Isto teve enorme repercussão na sociedade.

Passada a polêmica e encerrada a questão nos tribunais, o Espírito Humberto de Campos decidiu, prudentemente, adotar o pseudônimo *Irmão X* para a publicação de seus novos livros, mesmo com a Justiça tendo dado ganho de causa aos acusados.

Com os livros escritos por esse notável Espírito, o Espiritismo ganhou uma abrangência surpreendente e ampliou em muito o conhecimento das realidades espirituais.

Emmanuel

O quinto livro, intitulado *Emmanuel*, apresentava o mentor

e guia espiritual do médium. Ele havia-se apresentado a Chico Xavier em 1931, mas, a partir de 1933, vinha produzindo páginas que abordavam os mais variados assuntos. Também respondia a perguntas complexas, que aplicavam o Espiritismo em muitos campos das atividades humanas.

Nesta primeira obra exclusiva do Espírito Emmanuel estava o embrião de um trabalho vastíssimo que seria desenvolvido por ele a partir de então. Ninguém conseguiria previamente imaginar, com este primeiro trabalho literário, a religiosidade e o poder intelectual e moral de Emmanuel em abordar todos os temas inerentes à natureza humana, principalmente destacando e valorizando o aspecto religioso e moral do Espiritismo.

Emmanuel abordou, no decorrer de seu extenso, inusitado e admirável trabalho, todos os temas relacionados com o Evangelho de Jesus e escreveu livros históricos, romances notáveis, temas doutrinários de fundamental importância para a vida do ser humano, mensagens esclarecedoras alertando para a grandeza dos ensinamentos evangélicos e dissertações sábias tratando das grandes questões que interessam a todos que enfrentam as lutas inerentes à vida material.

Emmanuel teve uma habilidade notável: ao destacar a missão do Espiritismo revivendo o Cristianismo; em valorizar as condutas morais cristãs que beneficiam a todos; em estimular o estudo metódico das obras de Allan Kardec que iluminam a consciência e o coração; em ressaltar a prioridade para a essência redentora da Doutrina Espírita alicerçada em Jesus; em colocar o Evangelho como o guia moral que conduz à prática do amor, da caridade, da mansidão e da simplicidade; em mostrar os papéis transformadores que cabem ao Cristianismo e ao Espiritismo; em recomendar a prática da moral cristã para a sublimação do coração e do cérebro; em grafar lições de extrema sabedoria e bondade, ajudando as pessoas a encontrar soluções oportunas para seus problemas inerentes à vida material e à vida espiritual; em estimular o desenvolvimento da religiosidade que leva à consecução das boas obras; em desenvolver ao extremo o aspecto religioso do Espiritismo, e em ensinar a prática dos ensinamentos morais de Jesus para a conquista dos tesouros espirituais que enriquecem o Espírito, elevam a personalidade, melhoram a convivência e o relacionamento humanos e garantem a alegria e a felicidade na Terra e no Além.

Nosso Lar

Os grandes impactos promovidos pela mediunidade surpreendente de Chico Xavier não paravam. Um fato novo e inesperado ainda estava por vir: o lançamento das obras escritas pelo Espírito André Luiz. A partir do livro *Nosso Lar*, de 1944, André Luiz desvendou de modo inimaginável, com os mínimos detalhes e com uma riqueza extraordinária de minúcias e informações, a vida no plano espiritual.

Em cada novo livro, cresciam as revelações e os temas tratados tornavam-se mais abrangentes, descortinando e reafirmando aspectos inimaginados da vida espiritual e no mundo dos Espíritos: a matéria quintessenciada, que se escalona em diversos graus de condensação da energia, obedecendo a leis diferenciadas e desconhecidas do mundo físico, servindo de base para as atividades e as manifestações dos Espíritos; o vasto império espiritual, vizinho à crosta da Terra, formado de matéria sutil em diferentes faixas vibratórias, abrigando Espíritos imperfeitos em fase de aquisição de conhecimentos e virtudes, que podem compartilhar com as criaturas terrenas as condições de habitabilidade da Crosta; as duras experiências enfrentadas pelos Espíritos desvirtuosos nas regiões inferiores e inóspitas do plano espiritual; as entidades desditosas, perversas e maldosas que habitam as regiões inferiores do plano espiritual (umbral), exercendo com tirania e violência um poder transitório e agravando suas condições perante as Leis de Deus; os sofrimentos criados com a fuga das responsabilidades e dos deveres morais e os desequilíbrios íntimos adquiridos com a prática do mal, gerando doenças, traumas e deformidades no corpo espiritual e determinando condições difíceis para os Espíritos inferiores quando voltam à carne; o corpo espiritual, com a mesma forma humana, mas de tecido rarefeito de matéria leve e plástica, correspondendo à densidade espiritual determinada pela vontade, pela qualidade moral da alma e pelo gênero de vida que levou no mundo material; as impressões da vida material guardadas no perispírito, gerando torturas que são sustentadas pelos pensamentos viciosos, até que os Espíritos inferiores decidam transformar a si próprios com os conhecimentos novos, aperfeiçoar suas faculdades e a incorporar princípios nobres nas condições de vida; os registros mantidos pelo corpo espiritual, que retratam com precisão todos os atos praticados na vida, que espelham os estados da mente e as criações mentais e que exteriorizam com uma fidelidade absoluta as conquistas e as condições evolutivas da alma, servindo de instrumento para a Justiça Divina; as instituições piedosas existentes nas regiões elevadas da zona espiritual da Terra, que mantêm expedições de socorro aos Espíritos recém-desencarnados e que ajudam os Espíritos angustiados presos ainda, pelos seus maus atos, às regiões obscuras existentes nas cercanias da Crosta; a transformação ocasionada pelas preces sinceras que partem daqueles que se curvaram ante as sábias e justas Leis Divinas, colocando-se em condição de serem auxiliados e retirados do umbral; a realidade da existência de construções, instituições, edifícios, casas, vegetações, animais, rios, estradas, máquinas para transporte, utensílios, músicas e obras de arte na vida e no mundo espiritual; os trabalhos mantidos pelas colônias espirituais, estruturadas e organizadas de forma a atender as necessidades dos Espíritos que nelas habitam; as diferentes esferas espirituais que se interpenetram, servindo de abrigo para Espíritos em diferentes graus de evolução moral e espiritual; a alimentação, a respiração e a absorção de princípios vitais da atmosfera, para manter a vitalidade e a saúde do corpo espiritual; o reencontro dos Espíritos recém-desencarnados com Espíritos familiares que haviam voltado antes para o plano espiritual; a invisibilidade natural mantida pelos Espíritos mais elevados que habitam as esferas superiores, tornando-os imperceptíveis para as entidades com baixo padrão vibratório em suas percepções; a necessidade de aplicação de recursos fluídicos sobre os olhos, para elevar o campo vibratório na região visual e ampliar a visão dos Espíritos inferiores, de forma que eles possam enxergar os Espíritos Superiores; o adensamento da forma do perispírito, promovido por Espíritos Superiores, com trabalho paciente de elaboração mental e de concentração da vontade, mudando e ajustando o ritmo vibratório, para tornarem-se visíveis aos Espíritos inferiores; a materialização de benfeitores espirituais de hierarquia elevada, utilizando-se de energia radiante e de recursos fluídicos mais densos, doados por Espíritos que funcionam como médiuns de materialização do plano espiritual, permitindo que eles se envolvam de elementos com vibrações mais grosseiras, para se tornarem, provisoriamente, visíveis a Espíritos situados em esferas inferiores; os créditos espirituais propiciados pelos trabalhos nobres, que permitem a aquisição de bens e de moradia nas colônias espirituais; a recordação de vidas passadas com o auxílio de técnicos especializados no assunto; a recuperação pacífica da memória de vidas anteriores obtida por Espíritos que cumpriram com exatidão seus deveres morais, geralmente apoiados por outros

Espíritos nobres e dignos que os aguardam para conduzir à Vida Superior, onde vão continuar seus trabalhos de aperfeiçoamento e sublimação; a visita dos Espíritos encarnados às colônias espirituais, enquanto o corpo físico dorme e liberta o Espírito parcialmente da carne, permitindo receber avisos oportunos, obter socorros e fazer intercâmbios espirituais, auxiliados por entidades desencarnadas amigas; o trabalho, o estudo e as atividades espirituais que são desenvolvidos por muitos Espíritos encarnados enquanto estão parcialmente libertos do corpo físico, através do sono; o poder de volitação que permite ao Espírito desencarnado percorrer imensas distâncias em curtíssimo espaço de tempo; os intrincados processos dos pensamentos, que formam imagens, telas e criações mentais, além de exteriorizarem a memória e as idéias do ser pensante, permitindo que os Espíritos desencarnados possam vê-las pela assimilação da faixa mental e pela penetração nos domínios das formas-pensamentos; a comunicação mental à distância, obtida pelos Espíritos desencarnados, utilizando a concentração profunda do pensamento; os veículos que servem de meio de transporte nas colônias e nas zonas próximas da Crosta; os Postos de Socorro Espiritual, subordinados às regiões espirituais mais elevadas, que atendem os Espíritos ignorantes e sofredores residentes na Crosta ou nas regiões inferiores, servindo, também, de ponto de ligação para as cidades espirituais localizadas nas zonas superiores; os casamentos e a formação de famílias espirituais nas colônias; as instituições que preparam as reencarnações normais diárias na Terra e tutelam os recém-nascidos; os técnicos que organizam as reencarnações destinadas a aprendizagem, elevação, retificação, reparação ou expiação; a preparação detalhada e os planejamentos complexos para a reencarnação de Espíritos missionários; o corpo espiritual, sobre o qual se amoldam as células materiais, por servir de molde sutil preexistente para a formação do corpo material; a identificação e o ajustamento harmonioso, célula a célula, da forma física à forma perispiritual; o poder do corpo espiritual desequilibrado por vibrações mentais inferiores em afetar a saúde do corpo material; os desarranjos nos centros de força do perispírito e as lesões perispiríticas decorrentes da prática das desvirtudes e dos maus atos, que têm repercussões doentias no corpo físico; os Espíritos recém-desencarnados que conservam, na vida espiritual, as formas e as características alegres e graciosas das crianças; as estradas que ligam as colônias à Crosta, permitindo o trânsito fácil para os que prestam serviços e visitam os seus familiares encarnados; o número surpreendente de Espíritos desencarnados que ficam na Crosta, excessivamente ligados às coisas materiais e aos familiares queridos, pelas afinidades, acompanhando as situações domésticas e dormindo e se alimentando nos mesmos aposentos onde viveram fisicamente; a Crosta agitada por numerosíssimos transeuntes desencarnados, sendo a maioria, de natureza inferior; os processos complexos que envolvem a desencarnação, acompanhados por Espíritos especializados no assunto; o passe magnético que auxilia na recuperação de Espíritos encarnados e desencarnados; a prática do bem como condição indispensável para o Espírito alçar vôo para as esferas elevadas; os Espíritos encarnados e desencarnados, ligados por afinidades e semelhanças, que permutam idéias pelas emissões e recepções mentais; os casos complexos de obsessão e possessão espiritual, que exigem grandes trabalhos para a reconciliação de Espíritos adversários e perseguidores; a mediunidade que deve ser santificada com Jesus e utilizada para a sintonia vibratória com Espíritos elevados, visando a prática ativa do bem; a oração como força viva que mobiliza recursos espirituais, cura o corpo, renova a alma, equilibra o sentimento, eleva o nível mental, ilumina a consciência, melhora o roteiro de vida e facilita o auxílio fraterno dos bons Espíritos; e o Espiritismo, praticado com os exemplos de Jesus, que conscientiza o Espírito encarnado acerca de todas as realidades espirituais.

Voltei

Muitas dessas revelações feitas pelo Espírito André Luiz seriam posteriormente confirmadas com a psicografia do livro *Voltei*, publicado em 1949, de autoria do Espírito Irmão Jacob.

Nesta obra constam, também, as seguintes realidades espirituais: a perturbação espiritual e as fases do pós-morte a que os Espíritos entram com a morte da corpo material; o processo complexo de desligamento do corpo espiritual do corpo físico; o novo plano de vida onde a matéria vibra em graduação diferente, de acordo com os planos inferiores ou superiores do mundo espiritual; o poder incomensurável da prece; a volitação; o umbral; as colônias espirituais com estradas, árvores, flores, música, moradias, edifícios, obras de arte, animais e veículos para transporte; a recordação de existências passadas; as crianças sendo educadas em organizações especializadas; as autoridades administrativas que governam as Colônias; o corpo espiritual que reflete o grau de elevação da alma; as habitações dos Espíritos situadas em esferas que se compatibilizam com seus graus de evolução espiritual; a visão a distância; a continuidade dos trabalhos dentro das capacidades e das afinidades dos Espíritos; a própria consciência como juiz severo, que acusa o Espírito das faltas cometidas; as companhias espirituais elevadas e benignas para as pessoas com elevado padrão moral e as companhias nefastas que se vinculam às pessoas presas às baixas sensações da vida física e aos vícios; as materializações de Espíritos de ordem sublime possibilitadas pelos fluidos fornecidos por Espíritos de ordem inferior; as instituições de socorro que operam na Terra e no umbral, visando ajudar Espíritos sofredores; e a reencarnação, para o Espírito continuar seu aprendizado e sua conquista da sublimação.

Cartas dos Espíritos aos familiares

Quando tudo parecia concluído, a mediunidade de Chico Xavier trouxe uma nova surpresa. A partir dos anos 70, o médium começou a receber cartas de além-túmulo destinadas aos familiares que haviam ficado na Terra. Essas cartas chegaram às centenas e serviram para compor dezenas de livros, contendo esse tipo de comunicações dos Espíritos.

O mais interessante é que essas cartas demonstravam com uma clareza absoluta a sobrevivência da alma e o interesse dos Espíritos na comunicabilidade com os seus entes queridos encarnados.

Adicionalmente, os Espíritos davam provas fartas de sua identidade aos familiares a quem as cartas eram destinadas: os detalhes mais íntimos eram fornecidos; os fatos pessoais ocorridos antes e depois da morte eram comentados com minúcias; os nomes de parentes ou de pessoas encarnadas ou desencarnadas eram relacionados abundantemente; as situações conhecidas apenas pelos destinatários das mensagens eram relembradas; e os estilos peculiares, as formas de expressão mais típicas, as gírias mais usadas e, no final, as assinaturas, conferindo perfeitamente com as usadas pelos Espíritos enquanto vivos na Terra, davam as provas incontestáveis da sobrevivência da alma.

Ainda, essas cartas traziam palavras consoladoras colocadas de formas surpreendentes; faziam narrativas detalhadas dos acontecimentos que haviam marcado o início da nova fase da vida no Além; contavam todas as realidades que existem após a morte do corpo material com a continuidade da vida no mundo espiritual; e recomendavam também a prática do bem, das virtudes e das atitudes morais elevadas para a conquista das bem-aventuranças na vida espiritual.

Chico Xavier e o Aspecto Religioso do Espiritismo

Chico Xavier, em sua missão, jamais menosprezou os aspectos filosófico e científico do Espiritismo, porém, atendendo a orientações dos bons Espíritos, deu tônica surpreendente ao seu aspecto religioso e às condutas morais baseadas nos ensinamentos de Jesus. Daí decorrem as suas sábias respostas, quando questionado sobre os três aspectos da Doutrina dos Espíritos: ***"O Espírito Emmanuel costuma nos dizer que a coisa mais importante que cada um de nós poderá fazer na vida é seguir ao mandamento cristão que nos aconselha "Amar a Deus acima de todas as coisas e ao próximo como a si mesmo".***

"Segundo Emmanuel, tudo o mais é mera interpretação da verdade. Desta forma, não temos dúvida ao crermos ser o aspecto religioso da Doutrina Espírita o seu ângulo fundamental. Muito nobre a Filosofia, mas em verdade a filosofia nada mais faz do que muita conversa. Muito nobre o esforço científico, mas em verdade a mesma ciência que inventou a vacina, construiu a bomba atômica. Então nós devemos reconhecer que todos nós, os seres humanos, trazemos dentro de nós um alto grau de periculosidade e, até hoje, a única força no mundo capaz de frear estes impulsos de periculosidade humana é, sem sombra de dúvida, a RELIGIÃO." (Fonte: *Folha Espírita*, outubro de 1991, página 3).

"Os Amigos Espirituais nos afirmam que, apesar de o Espiritismo englobar experimentações científicas

valiosas para a Humanidade, devemos considerá-lo como uma doutrina que revive o Evangelho de Nosso Senhor Jesus Cristo... De nossa parte consideramos o Espiritismo como religião, em vista das conseqüências morais que a Doutrina Espírita apresenta para a nossa vida e para o nosso trabalho." (...) "Temos aprendido com os Benfeitores Espirituais que todos os três aspectos são essencialmente importantes; o religioso, entretanto, é o mais expressivo, por atribuir-nos mais amplas responsabilidades de ordem moral, no trato com a vida." (...) "A nosso ver, a legenda "Religião Espírita" seria muito adequada aos ensinamentos doutrinários do Espiritismo, repletos de conseqüências morais, conquanto, de minha parte, deva respeitar o ponto de vista dos companheiros que não pensam assim." (Fonte: *Correio Fraterno do ABC*, setembro de 1998, artigo "Chico Xavier - Espiritismo é religião, sim.")

Yvonne do Amaral Pereira

Yvonne do Amaral Pereira (23/12/1900 a 9/3/1984) desde os cinco anos de idade via e conversava com os Espíritos. Isto ensejou que procurasse adquirir conhecimentos sobre o Espiritismo.

As orientações de seus pais, que eram espíritas, muito ajudaram-na no desenvolvimento de sua mediunidade com Jesus. Eles exigiam que ela lesse, todos os dias, trechos de *O Evangelho Segundo o Espiritismo*, para assimilar a moral cristã e ter forças para vencer as lutas da vida.

Aos treze anos de idade, começou a freqüentar assiduamente as sessões práticas de Espiritismo, tendo recebido do Espírito Bezerra de Menezes grande auxílio no desenvolvimento de sua mediunidade.

Por pertencer a uma família pobre, ela teve dificuldades financeiras para completar os cursos oficiais de educação, porém, possuindo um prazer enorme pela leitura, tornou-se uma autodidata.

Yvonne desenvolveu diversos tipos de mediunidade, mas, a partir de 1926, passou a trabalhar arduamente como médium psicógrafa.

Demonstrando uma total fidelidade aos princípios da Doutrina Espírita, ela conseguiu realizar um trabalho notável nesse campo, chegando a publicar 13 livros que contribuíram de maneira extraordinária para o progresso do Espiritismo.

Dentre os livros publicados, merecem destaque os excelentes *Devassando o Invisível* e *Recordações da Mediunidade*, nos quais a médium analisa as realidades espirituais à luz de suas experiências no campo da mediunidade.

No magnífico livro *Memórias de um Suicida*, o Espírito Camilo descreve de forma inusitada, com uma redação primorosa, precisão incrível nos detalhes e um realismo impressionante, as verdades espirituais que constatou após o seu suicídio: a natureza muito agitada nas regiões inferiores do mundo espiritual; os sofrimentos dos Espíritos suicidas nelas aprisionados pelos seus atos tresloucados; os sofrimentos dos Espíritos suicidas pelas repercussões no próprio corpo espiritual das violências cometidas no corpo material; o corpo espiritual como uma organização viva e real que retrata fielmente todas as impressões da mente e da consciência; as instituições que vigiam as regiões inferiores com o fim de providenciarem ajuda para os Espíritos sofredores que possuem condições de serem ajudados; o espírito de fraternidade dos bons Espíritos em caravanas de auxílio aos suicidas que têm condições de serem removidos para outras regiões de transição; a existência de cidades espirituais com edifícios, casas residenciais, instituições, ruas, avenidas, parques ajardinados, plantas, árvores, flores, utensílios, meios de transportes e aparelhos de todas as ordens; as organizações sociais e educativas que servem de modelo para o progresso a ser implantado na Terra; as transmissões de pensamentos dos Espíritos encarnados ou desencarnados que chegam aos destinatários de modos natural e muito eficiente; a volitação que dispensa meios de transporte para os Espíritos mais lúcidos e desmaterializados; o desprendimento do Espírito encarnado enquanto o corpo físico dorme; as visitas dos Espíritos desencarnados à crosta da Terra para desempenharem as mais diversas atividades; as revisões das existências passadas auxiliando no planejamento do retorno à vida material; e a reencarnação para a qual os Espíritos sentem-se inevitavelmente atraídos, a fim de expiarem os seus erros cometidos, submeterem-se a novas provas e continuarem a sua jornada evolutiva.

Por suas obras espíritas valiosíssimas, Yvonne Pereira conquistou a admiração e a gratidão de todos os espíritas.

Divaldo Pereira Franco

Divaldo Pereira Franco (Feira de Santana, BA, 5/5/1927) começou seu desenvolvimento mediúnico com cerca de 5 anos de idade. Ele conquistou um papel muito importante no meio espírita pelos trabalhos extraordinários que realiza no Movimento Espírita, principalmente com a psicografia de mais de uma centena de livros produzidos por Espíritos como Joanna de Ângelis, Manoel P. de Miranda, Marco Prisco, dentre muitos outros.

Dentre todos os excelentes livros psicografados por Divaldo que ressaltam as realidades espirituais e valorizam as práticas religiosas e morais, merece destaque o livro *Além da Morte*, escrito na forma de cartas pelo Espírito Otília Gonçalves para sua filha. Este livro confirma as informações sobre a vida além-túmulo: as perturbações e as dificuldades de desprendimento do corpo material para o Espírito que se apegou em demasia às coisas materiais; a revisão da vida com o desenrolar na mente de todos os fatos que marcaram a existência recém finda; o perispírito, que conserva a mesma forma humana à semelhança de um corpo gêmeo àquele que caminhou para a putrefação; a reencarnação, como bênção pelo esquecimento temporário dos erros do passado, pelas oportunidades do recomeço, pelo ensejo de recuperação espiritual e pela oportunidade de trabalhar, aprender e construir a felicidade; as colônias espirituais, muito bem equipadas, que abrigam os Espíritos desencarnados e auxiliam aqueles que necessitam de esclarecimentos e socorro; o desdobramento do Espírito encarnado sob a tutela do sono e do repouso físico; os trabalhos incessantes dos Espíritos desencarnados nas colônias espirituais e na Crosta da Terra; as Leis Divinas que regem a vida na Terra e no Além; e a posse das virtudes que dá bem-aventuranças e distingue facilmente os Espíritos virtuosos dos ainda inferiores.

Por seus trabalhos monumentais, Divaldo Pereira Franco tornou-se uma pessoa muito querida e admirada no Movimento Espírita.

A tônica do Espiritismo

O ponto mais concordante, e para o qual os bons Espíritos sempre deram o maior realce, foi, sem dúvida, a prática da caridade.

Assim, ela tornou-se um dever moral inadiável para todos os adeptos da Doutrina Espírita e a linha mestra inerente ao Movimento Espírita pelos benefícios que espalha aos semelhantes.

Allan Kardec salientou que não podemos amar a Deus sem praticar a caridade material e moral para com o próximo e que "fora da caridade não há salvação".

Léon Denis ressaltou que a caridade é a virtude por excelência; que ela é a chave para os destinos elevados; e que o bem que fizermos aos semelhantes em atos, sentimentos e pensamentos fica gravado no perispírito garantindo-nos benefícios futuros.

No Brasil, os bons Espíritos nos estimularam, ao extremo, sob as mais diversas formas literárias em que se manifestaram através de diferentes médiuns, a praticar a caridade nas mínimas ações do cotidiano, sem que, necessariamente, o dinheiro esteja envolvido.

Basta a leitura de alguns livros psicografados no Brasil para que encontremos neles as incontáveis recomendações e sugestões para a prática da caridade: ser útil em todas as ocasiões, sem esperar recompensas ou retribuições; não descuidar dos gestos de simpatia e gentileza em todos os ambientes, principalmente dentro do próprio lar; doar aos mais necessitados os bens que nos perderam a serventia; orar em benefício das pessoas necessitadas, sejam elas amigas ou inimigas; estender a todos as bênçãos da instrução e da educação, principalmente para as criancinhas desamparadas; esforçarmo-nos para vencer o orgulho, o egoísmo, a vaidade e a avareza, a fim de que não venhamos fugir da prática da caridade e prejudicar o próximo com as nossas atitudes infelizes; preocuparmo-nos em fazer a justiça e em defender as pessoas que se encontram injustiçadas e indefesas; enxugar as lágrimas das pessoas aflitas, sofredoras e inconsoladas que nos cercam; jamais discriminar as pessoas por raça, sexo, idade, crenças ou posições financeiras, políticas e sociais, tratando-as fraternalmente como irmãs; respeitar as convicções sinceras dos semelhantes; usar as palavras com bondade e sabedoria, evitando gerar pensamentos, sentimentos e atitudes inferiores; trabalhar para a melhoria das condições de vida dos semelhantes, aliviando-lhes os sofrimentos físicos e morais; saber perdoar sempre, esquecendo as ofensas e apagando ódios e desejos de vingança; demonstrar indulgência para as fraquezas, inferioridades e faltas alheias; usar a sabedoria, a autoridade e os recursos pessoais para beneficiar o próximo; ser, sempre, exemplo de amor, trabalho, perdão, paciência, tolerância, compreensão, consolação, bondade, esclarecimento, reconforto, doação, auxílio e socorro ao próximo.

Assim, a prática da caridade tornou-se a bandeira universal do Espiritismo, sob a qual os espíritas procuram unir todos os homens para a conquista de um mundo moralmente melhor.

CAPÍTULO VIII

A REGENERAÇÃO DA HUMANIDADE

Allan Kardec previu, na *Revista Espírita*, de dezembro de 1863, que, após o período filosófico, seguir-se-ia o período religioso do Espiritismo, que muito contribuiria para a transformação moral e a regeneração da humanidade.

Mudanças ocorridas na Humanidade

É certo que os progressos intelectuais, científicos e tecnológicos, ocorridos durante os séculos XIX e XX, foram indispensáveis para possibilitar conquistas materiais que mudaram rápida e profundamente o modo de vida nas famílias e nas nações. Também não resistiram às mudanças as tradições, os costumes, as crenças, as leis e as culturas.

Com isso, a humanidade assistiu a um salto qualitativo muito importante nas condições de vida existentes. Porém, ainda falta à humanidade uma conquista maior, que se tem mostrado muito difícil: o progresso moral e espiritual dos homens.

É a esse progresso que o Espiritismo conduz os seres humanos.

Progresso Moral e Espiritual

Com a conquista do progresso moral e espiritual, graças às contribuições do Espiritismo, os homens estabelecerão uma nova estrutura econômica, política e social, conduzida com maior responsabilidade nas decisões que envolvem e afetam as pessoas e a sociedade.

Com esse progresso, os homens estenderão a todos os benefícios das conquistas materiais; e praticarão a fraternidade irrestrita, beneficiando e facilitando as condições de vida para todos.

Com isso, estará superada a fase complicada da história da humanidade, marcada pelo materialismo, orgulho e egoísmo; pela ilusão com a acumulação desenfreada e ambiciosa dos bens materiais transitórios; e pela busca inconseqüente do bem-estar material.

As Contribuições do Espiritismo

A trajetória histórica do Espiritismo mostrou como ele reviveu os fundamentos cristãos para melhorar as relações humanas em todos os campos da vida; ensinou aos homens a prática do respeito mútuo, da honestidade, da idoneidade, da lealdade, da cordialidade, do amor e da caridade; revelou o contexto espiritual em que os homens estão inseridos; e descortinou a realidade da vida espiritual, aclarando as responsabilidades morais perante Deus e os semelhantes.

Educação Moral e Espiritual

As conquistas morais e espirituais têm o poder de resolver definitivamente as sérias dificuldades de convivência e de relacionamento ainda existentes nas famílias, no trabalho, nas cidades, nas nações e no mundo.

Mas, para chegarem a essas conquistas indispensáveis, os homens precisam: da educação de todas as faculdades da alma, notadamente as morais; do conhecimento das realidades espirituais, que condicionam a vida material; do amor fraterno, que leva cada homem a ver em cada ser humano um irmão espiritual, um filho imortal do mesmo Pai eterno, um companheiro que também está procurando evoluir na hierarquia espiritual; da conscientização de que, após esta vida transitória, nesta escola de Deus, segue a verdadeira vida espiritual, onde as glórias materiais perdem o sentido e os valores espirituais são indispensáveis para a conquista das bem-aventuranças; do engrandecimento espiritual, que prepara a alma para a vida futura e para um retorno glorioso ao Reino dos Céus; da acumulação dos tesouros das virtudes, os quais levam cada ser humano a fazer o melhor uso da vontade e do livre-arbítrio; do enobrecimento da personalidade, que faz cada homem escrever páginas melhores na história da humanidade, pela superioridade no modo de vida e pelas condutas elevadas perante os semelhantes; da valorização dos ensinamentos morais e religiosos de Jesus, os quais permitem aos homens cumprirem suas obrigações morais perante Deus, a si mesmos e o próximo; da cultura do amor, da justiça, da fraternidade e da caridade, que retira do abandono as criancinhas, os adultos e os velhos, onde se encontram sem condições de engrandecimento pessoal; do trabalho e do estudo voltados para objetivos além dos da vida presente, consolidando as conquistas espirituais junto com as materiais; das ações do cotidiano voltadas para a união, a amizade e a solidariedade.

A educação moral e espiritual, por ser completa, dá um novo sentido à vida material e permite que o bem-estar, a alegria e a felicidade reinem na Terra.

Com essa educação, acabam os Espíritos ignorantes, revoltados, violentos, desequilibrados e infelizes, que voltam para a vida espiritual cheios de fracassos e de sofrimentos, por não terem recebido preparo para a vida imortal.

Como a vida continua no Além, esses Espíritos continuam cheios de amarguras e ódios contra os homens, que os deixaram deseducados, desamparados, desprotegidos e desassistidos. De lá, eles continuam causando-lhes, como vingança, grandes transtornos espirituais, pelas influências nefastas e pelos processos obsessivos graves que podem exercer sobre eles, dos quais os livros espíritas dão exemplos abundantes.

Somente a educação moral e espiritual têm o poder de aclarar todas as coisas e de superar a fase materialista da humanidade, que exacerbou o egoísmo, a ambição e o orgulho, e que traçou, como prioridade, a conquista do conforto material, deixando de lado a acumulação dos tesouros espirituais, revelados por Jesus, que são indispensáveis para uma vida feliz na Terra e no Reino dos Céus.

Lições do Espiritismo

A cada dia que passa, as realidades espirituais, demonstradas pelo Espiritismo, vão sendo confirmadas por outros meios, incorporadas aos conhecimentos de todas as áreas e tornando-se patentes aos olhos humanos, exigindo mudanças radicais nessa visão materialista e imediatista, adotada há milênios pelos homens.

Com o Espiritismo e suas lições espirituais e evangélicas, os homens passam a exemplificar e a cobrar uns dos outros melhores atitudes morais baseadas nas virtudes cristãs. Assim, acabam definitivamente com a falsidade, os conflitos velados, a exploração, os maus-tratos aos semelhantes e as guerras.

As Idéias Reencarnacionistas

A comprovação definitiva pela ciência e a aceitação geral das Leis da Reencarnação vão permitir que os homens se convençam, de uma vez por todas, de que são Espíritos imortais reencarnados, ocupando posições muito transitórias e mutáveis na humanidade. Por isso, não podem se prender a elas, nem colocá-las como objetivo de vida.

Com o entendimento da Lei da Reencarnação, todos os homens vão saber que são Espíritos reencarnados usufruindo de oportunidades evolutivas, de missões, provas ou expiações muito importantes, as quais são bênçãos que precisam ser bem aproveitadas para a evolução espiritual.

Com a conscientização dessa Lei, os preconceitos, o orgulho e as discriminações por povos, raças, cor, sexo, classes sociais, crenças e culturas ficam totalmente infundados, descabidos e superados. Qualquer Espírito, ante a reencarnação, pode vir a ocupar as mais diferentes condições humanas.

A Prática da Caridade

O mais importante da educação moral e espiritual, propiciada pelo Espiritismo, é que todos os homens vão praticar a caridade exemplificada por Jesus sob o conceito do "fazer ao próximo o que se quer para si mesmo".

Isso vai mudar radicalmente a conduta humana atual. Os homens colocarão a busca do bem-estar coletivo acima da busca do bem-estar individualista, ambicioso, egoísta e orgulhoso.

Não foi por acaso que, no Espiritismo, a tônica maior dada pelos bons Espíritos foi sempre a prática da caridade, aplicando-a em todos os segmentos da vida.

Praticando a caridade, os homens estabelecerão o progresso geral e o bem-estar para todos, a partir dos mínimos gestos fraternos diários e dos mais nobres atos de ajuda material e moral ao próximo.

A caridade – praticada acima dos métodos, discursos, teorias e técnicas empregados atualmente por educadores, sociólogos, governantes, homens públicos, políticos, economistas, administradores, empresários e seres humanos em geral – leva ao bem-estar material e espiritual de todos.

A prática da caridade, como prioridade para o sucesso espiritual, melhora as relações humanas no lar, no trabalho e na sociedade, facilitando o cumprimento das missões, provas ou expiações humanas.

Jesus

Desde o primeiro livro da codificação do Espiritismo, os espíritas sabem que Jesus é o modelo e o guia para as ações em todos os campos da vida.

Jesus é exemplo de amor a Deus e de amor e caridade ao próximo. E a caridade, como foi definida em *O Livro dos Espíritos,* significa "benevolência para com todos, indulgência para as imperfeições dos outros e perdão das ofensas".

Seguindo Jesus, colocamos a prática do amor e da caridade acima de tudo; e valorizamos a educação moral e espiritual que renova os caracteres, melhora o mundo íntimo e nos torna mais fraternos e bondosos.

As novas gerações

Quando o Espiritismo estiver mais bem difundido,

conhecido e incorporado em todos os ramos do saber humano, a regeneração da humanidade caminhará muito mais rapidamente.

As novas gerações terão, então, uma educação muito mais completa e voltada para a prática do amor e da caridade desde a infância.

Todos os homens, desde a infância, terão na consciência as Leis de Deus e se esforçarão arduamente para obter a felicidade de todos, seja na Terra, na vida futura ou nas próximas existências materiais.

Desígnios de Deus

Deus é o condutor dos destinos da Terra e dos Espíritos encarnados e desencarnados.

Com Sua sabedoria, Deus envia sempre Espíritos mais adiantados ao Planeta, provenientes de esferas espirituais elevadas ou de outros planetas melhores. Assim, as novas gerações vão renovando e rejeitando os conhecimentos e as práticas que já estão obsoletos e superados.

Além disso, as novas gerações vão impondo culturas mais avançadas; adotando condutas e hábitos melhores; difundindo bons exemplos; aprimorando os modos de ser, sentir, pensar e agir; implantando empreendimentos inovadores; procedendo modificações importantes nas leis e nas regras morais; e exercendo influências progressistas em todas as áreas da vida humana.

Assim, o planeta Terra vai-se transformando lentamente e se aproximando da categoria de mundo regenerado.

Renovação dos habitantes da Terra

Os Espíritos retardatários, que vão ficando cada vez mais

isolados nesse novo contexto de mundo, que não encontram mais ambiente propício para a reencarnação na Terra, que se sentem incompatibilizados com os novos estilos e padrões de vida, que não aceitam as novas disposições morais e espirituais, e que não se enquadram nos novos processos educativos, vão, naturalmente, sendo expulsos para mundos inferiores. Lá, eles continuarão trabalhando pelo próprio progresso e o do planeta que é sua nova morada.

Assim, a humanidade experimentará uma renovação ampla na categoria de seus habitantes e atingirá um grau maior de progresso material e espiritual.

A Missão dos Espíritas

O trabalho para a transformação moral e espiritual e para a regeneração da humanidade é imenso.

Para realizá-lo, os espíritas precisam: estudar e divulgar com sabedoria e bondade o Espiritismo; colaborar na educação moral e espiritual de todos os habitantes da Terra; trabalhar pela prática da caridade, pela exteriorização dos bons exemplos, e pela ajuda fraterna ao próximo.

Precisam ainda instruir os homens acerca de suas responsabilidades morais quanto ao cumprimento das Leis – de adoração a Deus; do trabalho, que leva ao progresso; da reprodução do corpo material, com nobreza; da conservação da vida material, com dignidade e sabedoria; da destruição, como instrumento que transforma, renova, melhora e regenera; da vida em sociedade, que aprimora as faculdades da alma e facilita o auxílio mútuo; do progresso, que engrandece todas as coisas; de igualdade perante Deus; de liberdade de ação na vida, com respeito aos direitos alheios; e de justiça, amor e caridade ao próximo, que melhora a vida em sociedade.

Devem ainda os espíritas: ensinar a fraternidade universal, acabando com todos os tipos de preconceitos; espiritualizar as condutas nas profissões, colocando o amor e a caridade nas relações e atividades econômicas, para propiciar o bem-estar coletivo e o progresso para todos; difundir as lições evangélicas, que engrandecem o convívio e o relacionamento com os familiares queridos, melhoram todos os ambientes e valorizam as ações que criam um futuro sempre melhor.

A Divulgação do Espiritismo

Esse trabalho imenso de transformação moral e de regeneração da humanidade não pode ser alcançado sem a divulgação, a propagação e a popularização do Espiritismo para todas as partes do mundo.

Evidentemente, esse trabalho está facilitado e simplificado com os esforços que os Espíritos fazem, em toda parte, para a comprovação incessante das realidades espirituais e morais.

Mas, cabe aos espíritas brasileiros a intensificação do trabalho de divulgação do Espiritismo para todos os cantos do mundo.

Os livros espíritas aqui publicados já correm nações, traduzidos para as principais línguas.

Os jornais e as revistas espíritas multiplicam-se difundindo por toda a parte os fatos e as notícias relacionados com o Espiritismo.

Os oradores e expositores espíritas, de renome nacional e internacional, visitam as mais longínquas localidades difundindo os princípios doutrinários e as verdades espirituais.

As emissoras de rádio e de televisão reservam espaços valiosos para os programas e as mensagens espíritas, pela notável audiência e interesse que têm despertado na população.

A música espírita encanta a muitos, executada por bandas, orquestras, cantores e corais, melhorando os sentimentos e orientando as ações.

A pintura mediúnica atrai um público cada vez mais interessado nas manifestações artísticas dos Espíritos, despertando o interesse pelo conhecimento de todas as realidades espirituais.

As peças teatrais espíritas levam ao grande público entretenimento sadio, enfocando acontecimentos da vida sob a ótica e os postulados da Doutrina e abordando temas como o amor, a caridade, a mediunidade, a reencarnação, a vida no além-túmulo, dentre muitos outros.

A Internet, rede mundial de computadores, tem divulgado informações completas sobre o Espiritismo, suas instituições e obras, permitindo a troca de idéias e a difusão dos conhecimentos sobre a vida espiritual, bem como a necessidade de preparação para o retorno a essa vida imortal.

Mas, sempre podemos melhorar qualquer trabalho. Assim, os espíritas brasileiros devem aliar-se aos espíritas de muitos outros países para ampliar o trabalho de divulgação do Espiritismo em todo o mundo.

Regeneração inevitável

Com as lições do Espiritismo, um novo edifício está sendo, paulatinamente, ampliado no mundo.

Os conhecimentos espirituais e morais difundidos pelo Espiritismo estabelecem processos educativos melhores e orientam as ações humanas para o bem, em todos os campos da vida.

Assim, os homens vão, gradativamente, esclarecendo-se e substituindo sua cultura e prática materialistas e egoístas pela cultura espírita, que incorpora novos princípios evangélicos muito mais abrangentes e estimula as práticas morais elevadas em todas as áreas da atuação humana.

Dessa forma, a moral espírita-cristã vai sendo implantada no mundo e adotada em toda a parte. Dessa forma, os ensinamentos de Jesus, na sua verdadeira acepção, vão tornando-se práticas corriqueiras do cotidiano, estabelecendo o amor e a caridade na Terra.

Dessa forma, teremos a regeneração inevitável da humanidade.

ÍNDICE REMISSIVO

BIBLIOGRAFIA

KARDEC, Allan. *O Livro dos Espíritos*. (Tradução: J. Herculano Pires), 1ª. edição, Capivari: Editora EME, 1996.

KARDEC, Allan. *O Livro dos Médiuns*. (Tradução: J. Herculano Pires), 1ª. edição, Capivari: Editora EME, 1996.

KARDEC, Allan. *O Evangelho Segundo o Espiritismo*. (Tradução: J. Herculano Pires), 1ª. edição, Capivari: Editora EME, 1996.

KARDEC, Allan. *O Que é o Espiritismo*. (Tradução: Wallace Leal V. Rodrigues), 20ª. edição, São Paulo: LAKE, 1977.

KARDEC, Allan. *O Céu e o Inferno ou A Justiça Divina Segundo o Espiritismo*. (Tradução: J. Herculano Pires e Sylvia Mello Pereira da Silva), 2ª. edição, São Paulo: LAKE, 1977.

KARDEC, Allan. *A Gênese, os Milagres e as Predições Segundo o Espiritismo*. (Tradução: Victor Tollendal Pacheco), 12ª. edição, São Paulo: LAKE, 1977.

KARDEC, Allan. *Revista Espírita, Jornal de Estudos Psicológicos: Anos de 1858 a 1869*. (Tradução: Júlio Abreu Filho), 1ª. edição, São Paulo: EDICEL.

KARDEC, Allan. *Obras Póstumas*. (Tradução: Guillon Ribeiro), 23ª. edição, Brasília: FEB, 1989.

DENIS, Léon. *Cristianismo e Espiritismo*. 8ª. edição, Brasília: FEB, 1987.

DENIS, Léon. *O Além e a Sobrevivência do Ser.* 5ª. edição, Brasília: FEB, 1987.

DENIS, Léon. *No Invisível.* 12ª. edição, Brasília: FEB, 1987.

DENIS, Léon. *Depois da Morte.* 12ª. edição, Brasília: FEB, 1983.

DENIS, Léon. *O Problema do Ser, do Destino e da Dor.* 9ª. edição, Brasília: FEB, 1975.

DENIS, Léon. *O Porquê da Vida.* 15ª. edição, Brasília: FEB, 1989.

DENIS, Léon. *O Grande Enigma.* 4ª. edição, Rio de Janeiro: FEB.

FLAMMARION, Camille. *A Morte e o seu Mistério, Volumes I, II e III.* 3ª. edição, Rio de Janeiro: FEB.

DELANNE, Gabriel. *A Evolução Anímica.* 6ª. edição, Brasília: FEB, 1989.

BOZZANO, Ernesto. *A Crise da Morte.* 7ª. edição. Brasília: FEB, 1990.

BOZZANO, Ernesto. *Pensamento e Vontade.* 6ª. edição, Brasília: FEB, 1985.

LOMBROSO, César. *Hipnotismo e Mediunidade.* 1ª. edição, Rio de Janeiro: FEB.

DOYLE, Arthur Conan. *História do Espiritismo.* 1ª. edição, São Paulo: Editora "O Pensamento".

WANTUIL, Zêus; THIESEN, Francisco. *Allan Kardec -Volumes I, II e III,* 4ª. edição, Brasília: FEB, 1990.

WANTUIL, Zêus. *Grandes Espíritas do Brasil.* 1ª. edição, Rio de Janeiro: FEB, 1969.

GODOY, Paulo Alves. *Grandes Vultos do Espiritismo.* 1ª. edição. São Paulo: FEESP, 1981.

MONTEIRO, Eduardo Carvalho. *Anália Franco, A Grande Dama da Educação Brasileira.* 1ª. edição, São Paulo:

Editora Eldorado Espírita, 1992.

SILVA, Luciano da Costa e. *Nosso Amigo Chico Xavier.* 6ª. edição, Capivari: Editora EME, 1995.

XAVIER, Francisco Cândido/Espírito EMMANUEL. *A Caminho da Luz.* 15ª. edição, Brasília: FEB, 1987.

XAVIER, Francisco Cândido/Espírito EMMANUEL. *Religião dos Espíritos.* 7ª. edição, Brasília: FEB, 1988.

XAVIER, Francisco Cândido/Espírito HUMBERTO DE CAMPOS. *Brasil, Coração do Mundo, Pátria do Evangelho.* 19ª. edição, Brasília: FEB, 1992.

XAVIER, Francisco Cândido/Espírito Maria João de Deus. *Cartas de uma Morta.* 10ª. edição, São Paulo: LAKE, 1988.

XAVIER, Francisco Cândido/Espíritos diversos. *Palavras do Infinito.* 6ª. edição, São Paulo: LAKE, 1982.

XAVIER, Francisco Cândido/Espírito Irmão Jacob. *Voltei.* 12ª. edição, Brasília: FEB, 1986.

XAVIER, Francisco Cândido/Espírito André Luiz. *Série de Livros do Autor Espiritual.* Edições diversas, Brasília: FEB, anos diversos.

XAVIER, Francisco Cândido/Waldo Vieira/Espírito André Luiz. *Série de Livros do Autor Espiritual.* Edições diversas, Brasília: FEB, anos diversos.

FRANCO, Divaldo Pereira/Espírito Joanna de Ângelis. *Estudos Espíritas.* 5ª. edição, Brasília: FEB, 1991.

FRANCO, Divaldo Pereira/Espírito Otília Gonçalves. *Além da Morte.* 4ª. edição, Salvador: Livraria Espírita Alvorada-Editora, 1989.

PEREIRA, YVONNE A. *Devassando o Invisível.* 7ª. edição, Brasília: FEB, 1987.

PEREIRA, YVONNE A. *Recordações da Mediunidade.* 7ª. edição, Brasília: FEB, 1992.